ŒUVRES

DE

M. DE FLORIAN.

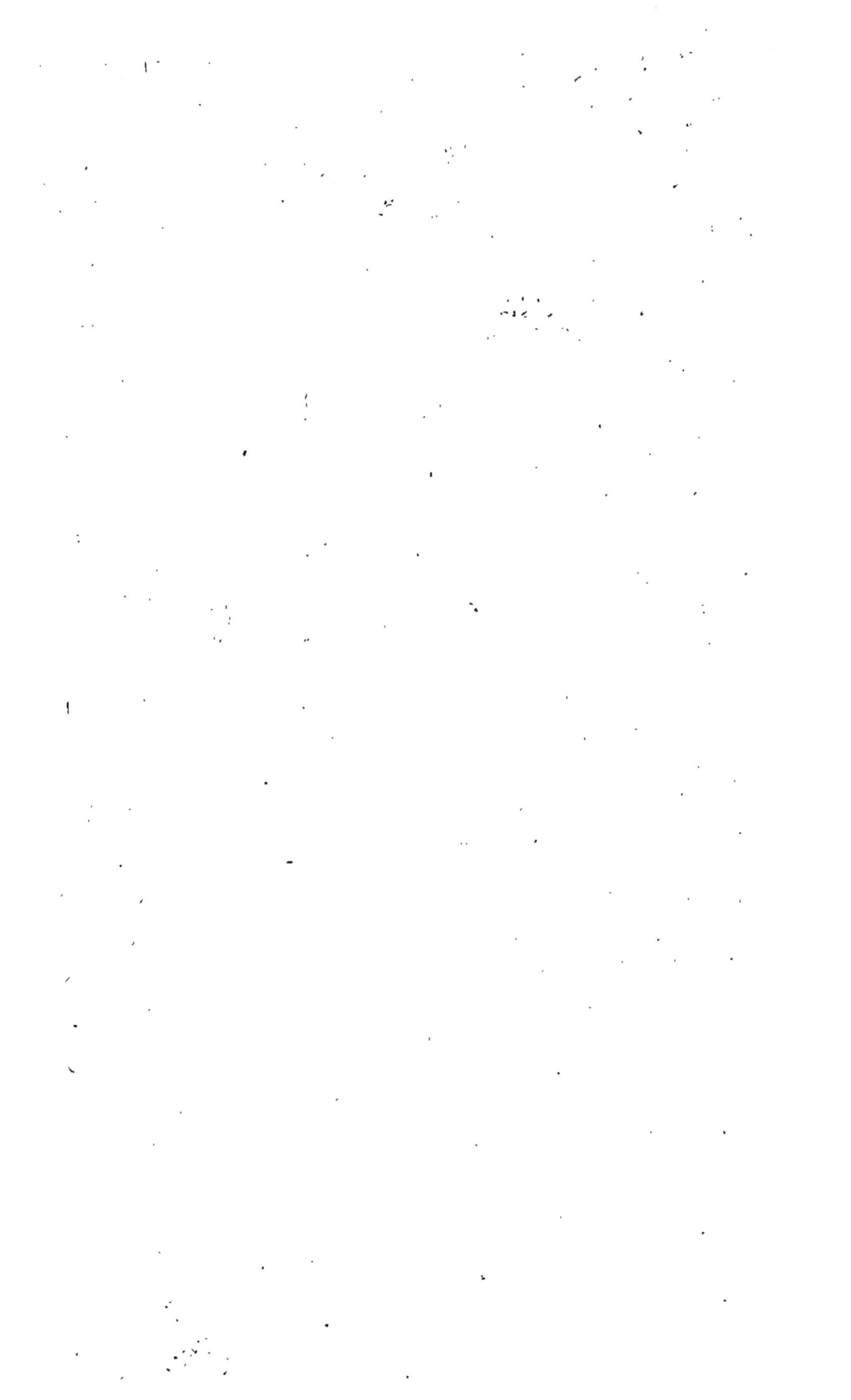

THÉATRE

DE M. DE FLORIAN,

DE L'ACADÉMIE FRANÇAISE, DE CELLE
DE MADRID, FLORENCE, etc.

TOME TROISIÈME.

C'est là tout mon talent : je ne sais s'il suffit.
LA FONTAINE.

A LYON,

Chez AMABLE LEROY, Imprimeur-Libraire.
1810.

JEANNOT ET COLIN.

·COMÉDIE

EN TROIS ACTES, EN PROSE,

Représentée pour la première fois par les Comédiens Italiens ordinaires du roi, le Mardi 14 Novembre 1780.

A MADAME

DU VIVIER,

NIÈCE DE M. DE VOLTAIRE.

MADAME,

JE vous dois l'hommage de cette co-
médie à plus d'un titre : j'en ai pris le
sujet dans M. de Voltaire ; et vous avez
bien voulu m'aider de vos conseils.
Pardonnez si je n'en ai pas mieux pro-
fité : ce n'est pas faute d'en avoir senti
le prix ; je sais qu'un grand homme,
qui n'en recevoit que de son génie, ne
les dédaignoit pas. Je me consolerai de
n'avoir point de génie, tant que votre
amitié m'en tiendra lieu.

Vous savez mieux que moi, MADAME, que l'on pourroit tirer un plus grand parti de ce conte charmant, où monsieur de Voltaire a peint avec des couleurs si vraies la sottise des parvenus, et la bassesse de leurs flatteurs. En admirant son tableau, j'ai senti qu'il étoit au-dessus de mes forces et peut-être de mon âge, de le porter sur la scène. Mais l'amour, l'amitié, sont de mon âge; et, j'ose dire, de mon cœur : je ne me suis attaché qu'à peindre ces deux sentimens; heureusement pour moi, votre goût a dirigé ma sensibilité.

Tout foible qu'il est, j'ose vous offrir mon premier ouvrage; il a, du moins, le mérite d'avoir été créé par cet homme immortel que je vous ai vu si souvent pleurer. Souvenez-vous qu'il daigna m'aimer; souvenez-vous encore que vous m'avez donné la main pour soutenir mes premiers pas. Vous avez contracté l'obligation de toujours m'ins, truire ; comme moi, celle de toujours vous chérir.

Je suis avec une reconnoissance égale à mon respect,

MADAME,

Votre très-humble et très-obéissant serviteur,

FLORIAN.

PERSONNAGES.

JEANNOT, marquis.

COLIN, bourgeois.

GOLETTE, sœur de Colin.

LA MÈRE DE JEANNOT, marquise.

LA COMTESSE D'ORVILLE.

DURVAL, gouverneur du marquis.

L'ÉPINE, valet du marquis.

UN MAÎTRE-D'HÔTEL.

La scène est à Paris, dans le sallon de la marquise.

JEANNOT ET COLIN.

COMÉDIE.

ACTE I.

SCÈNE PREMIÈRE.

COLIN, COLETTE, L'ÉPINE.

L'ÉPINE.

Il est à peine jour chez madame la
marquise ; attendez dans ce sallon : je
vous avertirai lorsque vous pourrez
voir madame.

COLIN.

Vous voudrez bien lui dire que ce
sont deux personnes pour qui elle
avoit de l'amitié dans le temps qu'elle
demeuroit en Auvergne. Si elle vous
demande leurs noms, vous direz que
c'est Colin et Colette : elle s'en sou-
viendra sûrement.

L'ÉPINE.

Monsieur Colin et mademoiselle Colette qu'elle a connus en Auvergne : cela suffit. (Il sort.)

~~~~~~~~~~~~~~~~~~~~~~~~~~~~~~~

SCÈNE II.
COLIN, COLETTE.

COLETTE.

COMME tout ceci est magnifique ! Jeannot ne nous reconnoîtra plus : il est devenu trop riche pour se souvenir de ceux qui l'ont vu pauvre.

COLIN.

Il seroit donc bien changé ! ma sœur ! il étoit si bon, si sensible ! lorsque nous habitions ensemble notre petite ville. A peine y a-t-il un an qu'il nous a quittés ! il faut plus d'un an pour corrompre un cœur honnête.

COLETTE.

COLETTE.

L'amour auroit dû préserver le sien :
mais il ne m'aime plus , j'en suis sûre.
Te souviens-tu de la manière dont il
me quitta , lorsque sa mère l'envoya
chercher en Auvergne ? Comme il fut
enivré de sa nouvelle fortune , et d'entendre ses domestiques l'appeler monsieur le marquis ! Il nous dit adieu
presque sans pleurer ; il monta dans
sa brillante voiture sans retourner la
tête vers moi , que tu soutenois à peine , et dont les yeux le suivirent......
même quand je ne le vis plus. Mon
frère ! il a oublié la malheureuse Colette ! il ne pense plus aux sermens
que nous nous sommes faits de n'être
jamais que l'un à l'autre ; sermens qu'il
a écrits , que je conserve , et que je
lui rendrai : ces écritures-là perdent
tout leur prix quand on ne les lit plus
ensemble.

3. B

SCÈNE III.

COLIN, COLETTE, L'ÉPINE.

L'ÉPINE.

MADAME la marquise s'habille; elle vous fait dire que si vous voulez la voir, vous preniez la peine d'attendre.

COLIN.

Nous attendrons. Monsieur le marquis son fils est-il chez lui?

L'ÉPINE.

Non : il est sorti de grand matin.

COLIN.

A quelle heure pourrions-nous le trouver?

L'ÉPINE.

Il n'est pas habillé : ainsi revenez à une heure, vous pourrez peut-être lui parler.

COLIN.

Nous reviendrons sûrement.

COLETTE.

Monsieur! c'est un bien grand seigneur, que monsieur le marquis?

L'ÉPINE.

Sûrement : mademoiselle ! c'est mon
maître. Sans vanité, c'est l'homme le
plus aimable de Paris : toutes les jolies
femmes se le disputent, et ne sont
occupées que de lui plaire ; je ne doute
pas qu'un de ces jours il ne fasse un
très-grand mariage, et que....

COLIN.

Vous voudrez bien nous avertir,
lorsque nous pourrons voir madame.

L'ÉPINE.

Oui, oui : soyez tranquilles.

(Il sort.)

SCÈNE IV.
COLIN, COLETTE.

COLIN.

Du courage, ma sœur! tu as voulu me suivre à Paris pour t'assurer par toi-même de l'infidélité de Jeannot : nous allons le voir, nous allons le juger : s'il a cessé de t'aimer, ton mépris pour lui doit te rendre à toi-même et à la raison.

COLETTE.

Ah ! mon frère ! si vous saviez combien il en coûte pour mépriser celui qu'on aime !

COLIN.

Il m'en coûteroit autant qu'à toi ; mon amitié pour Jeannot est aussi vive que ton amour. Je ne me dissimule pas ses torts : depuis six mois ses lettres sont devenues plus rares et moins tendres : mais il est bien jeune ; il a été transporté tout d'un coup d'une vie simple et paisible dans le tourbillon du monde et de ses plaisirs ; il peut s'être laissé enivrer malgré lui ; ne le jugeons pas sans l'avoir vu. Plus nous l'aimons, plus nous avons besoin de preuves pour cesser de l'estimer.

COLETTE.

Il est vrai qu'il sera toujours assez temps de le haïr.

COLIN.

Sa mère m'inquiète plus que lui : elle ignore les engagemens de son fils avec toi : et l'on dit que son immense fortune lui a donné un orgueil insupportable.

COLETTE.

Mais comprends-tu cette fortune acquise en si peu de temps ? A peine y a-t-il quatre ans que la mère de Jeannot habitoit notre petite ville :

B 3

elle étoit alors une simple bourgeoise, bien moins riche que nous; mon père ne trouvoit pas son fils un assez bon parti pour moi. Madame la marquise n'étoit pas marquise alors; et quand nous allions la voir, elle ne nous faisoit pas attendre.

COLIN.

Que veux-tu, Colette! elle a fait fortune. Il n'y a rien à répondre à ce mot-là.

COLETTE.

Explique-moi ce que c'est que faire fortune. Comment des gens qui n'ont rien parviennent-ils à avoir quelque chose? Ils prennent donc à ceux qui en ont?

COLIN.

Pas toujours. Ce matin j'ai vu quelqu'un de notre ville établi ici depuis long-temps; il m'a raconté comment la mère de Jeannot avoit acquis ses richesses. Tu te souviens qu'elle fut

obligée de venir à Paris pour des affaires ; elle y trouva un de ses parens
immensément riche qui la prit en amitié, et la fit jouir de sa fortune : ce
parent est mort il y a six mois, et lui
a laissé tout son bien.

COLETTE.

Ce parent avoit bien affaire de lui
laisser son bien ! il est cause que j'ai
perdu le mien.

COLIN.

La voici.

~~~~~~~~~~~~~~~~~~~~~~~~~~~~~~~~~~~~~~~

SCÈNE V.
COLIN, COLETTE, LA MARQUISE.

LA MARQUISE.

Eh ! bon jour, mes enfans ! je ne
m'attendois guère à votre visite. Par
quel hasard êtes-vous à Paris ?

COLIN.

Les affaires de mon commerce m'y
ont appelé, madame! Ma sœur a voulu
être du voyage. Nous sommes ici pour
bien peu de temps ; mais nous n'eu
partirons point sans avoir vu notre bon
ami Jean... monsieur le marquis.

LA MARQUISE, à part.

Son bon ami! l'impertinent! (haut:)
Mon fils est sorti, je crois.

COLIN.

Oui, madame! on nous l'a dit: nous
ne sommes pas fâchés que notre première visite soit pour vous toute seule.

LA MARQUISE.

Comment! Colin, tu me fais des
complimens! Mais dis-moi ce que tu
viens faire ici. Je m'en doute : tu as
compté sur ma protection : si je le
peux, je te rendrai service! Et ton
vieux père, comment se porte-t-il ?

COLIN.

J'ai eu le malheur de le perdre ,

madame ! je suis à présent à la tête de
sa manufacture ; et mes affaires vont
assez bien pour que je ne sois venu
chercher dans votre maison que le
plaisir de vous voir.

LA MARQUISE.

Tant mieux pour toi, mon enfant !
Ta sœur a l'air bien triste. Paris ne
la réjouit pas ?

COLETTE.

Non, madame ! j'espère le quitter
bientôt.

LA MARQUISE.

Vous ferez bien ; cette ville-ci est
dangereuse à votre âge. Adieu : je ne
me gêne pas avec vous ; j'ai besoin d'être
seule : nous causerons plus long-temps
une autrefois.

(Colin et Colette la saluent : elle leur fait
un signe de tête.)

COLIN, à part.

Dieu veuille que son fils ne lui ressemble pas ! (Ils sortent.)

SCENE VI.

LA MARQUISE, seule.

L'IMPORTANCE de monsieur Colin est plaisante... Holà ! quelqu'un !

SCÈNE VII.

LA MARQUISE, L'ÉPINE.

LA MARQUISE.

ALLEZ savoir des nouvelles de madame la comtesse d'Orville : vous lui demanderez si elle nous fera l'honneur de venir dîner avec nous ; vous lui direz que nous serons seuls , pour pouvoir parler d'affaires. Sachez auparavant si le gouverneur de mon fils est ici.

L'ÉPINE.

Le voilà , madame ! (Il sort.)

SCÈNE VIII.
LA MARQUISE, DURVAL.

LA MARQUISE.

Je vous croyois sorti, monsieur Durval !

DURVAL.

Je n'ai pas voulu suivre monsieur le marquis, de peur que madame n'eût besoin de moi pendant ce temps-là.

LA MARQUISE.

J'ai toujours besoin de vos conseils ; vous le savez bien : depuis que je vous ai confié l'éducation de mon fils, je n'ai rien fait sans votre avis, heureusement pour moi.

DURVAL.

Mon zèle et mon attachement m'ont tenu lieu de lumières.

LA MARQUISE.

J'ai un grand secret à vous confier:
Je vais marier le marquis. Vous savez
combien je suis liée avec la comtesse
d'Orville; c'est une veuve, jeune, jolie,
et d'une des premières maisons du
royaume; elle est cousine du ministre.
Madame d'Orville, par amitié pour
moi, et pour achever de liquider ses
biens, épouse le marquis, et lui apporte
pour dot la promesse d'un régiment.
J'ai conclu hier ce mariage. Vous ne
pensez pas que mon fils y ait la moindre répugnance?

DURVAL.

Madame! je craindrois que le mot
de mariage n'effrayât son goût trop
vif pour l'indépendance et la dissipa-
tion : mais le plaisir d'être colonel
l'emportera sur tout.

LA MARQUISE.

Je l'espère, monsieur Durval! Ce
n'est pas la seule affaire qui m'occupe:
avez-vous été chez mon avocat?

DURVAL.

Oui, madame! votre procès est sur
le point d'être jugé; mais il m'a chargé
de vous répéter que vous n'aviez rien
à craindre.

LA MARQUISE.

Je suis tranquille : quoique ce procès soit important, je n'ai pas voulu
en parler à madame d'Orville, par la
certitude où je suis de le gagner.

DURVAL.

Je reconnois bien là madame la
marquise; son amitié prudente sait
épargner des alarmes inutiles.

LA MARQUISE.

Je suis bien aise que vous pensiez
comme moi. Sans vous, monsieur
Durval, je ne serois jamais sûre de
rien. Voici mon fils : je vais lui faire
part de tous mes projets.

SCÈNE IX.

LA MARQUISE, LE MARQUIS, DURVAL.

LE MARQUIS.

BON JOUR, ma mère ! Je viens d'acheter le plus joli cabriolet du monde : s'il m'étoit resté de l'argent, j'aurois pu avoir le plus beau cheval de Paris ; mais les barbares n'ont pas voulu me faire crédit.

LA MARQUISE.

Mon ami ! j'ai à te parler d'affaires sérieuses.

LE MARQUIS, riant.

Vous m'effrayez, ma mère !

LA MARQUISE.

Serois-tu bien aise d'être colonel?

LE MARQUIS.

Colonel ! ce seroit le bonheur de ma vie. J'aurois tant de plaisir de rejoindre

mon régiment! Le manége, les manœu-
vres, tout cela doit être charmant.
On passe l'été dans une ville de guerre :
l'hiver ou revient à Paris, jouir des
plaisirs de la capitale : on a l'air de
se reposer ; et l'on s'est toujours di-
verti.

LA MARQUISE.

Eh bien! tu connois la comtesse
d'Orville! j'ai arrêté ton mariage avec
elle. (le Marquis rêve.) Elle se charge
de t'avoir une compagnie de dragons
dès aujourd'hui ; et la promesse d'un
régiment aussitôt que tu auras l'âge.
Voilà nos conditions : j'ai répondu de
ton aveu.

DURVAL.

Ah! quelle mère vous avez! monsieur le marquis!

LA MARQUISE.

A quoi pensez-vous donc? mon fils!

LE MARQUIS.

A tout ce que je vous dois, ma
mère! chaque événement heureux qui

C 2

m'arrive est toujours un bienfait de
vous. J'aurois désiré ne pas me marier
encore....

LA MARQUISE.

Mon ami ! c'est à ce mariage que
tu devras ta fortune : le mérite n'est
rien sans protection. D'ailleurs, ma
parole est donnée, tout est arrangé,
et j'ai déjà commandé tes habits de
noces.

〰〰〰〰〰〰〰〰〰〰〰〰〰〰〰〰

SCÈNE X.

LE MARQUIS, LA MARQUISE, DURVAL, L'ÉPINE.

___

L'ÉPINE.

MADAME la comtesse d'Orville remercie madame : elle aura l'honneur de venir dîner avec elle aujourd'hui.

LA MARQUISE.

C'est bon. (l'Épine sort.)

〰〰〰〰

SCÈNE XI.

LE MARQUIS, LA MARQUISE, DURVAL.

LA MARQUISE.

C'est pour dîner avec toi, et pour causer de nos affaires : afin de n'être point dérangés, je vais faire fermer ma porte.... A propos, j'oubliois de te parler d'une visite que je viens d'avoir, et que tu auras sûrement.

LE MARQUIS.

Qui donc?

LA MARQUISE.

Devine.

LE MARQUIS.

Comment voulez-vous que je devine? Ce ne sont pas encore les officiers du régiment que j'aurai?

LA MARQUISE.

Non : c'est Colin et Colette.

LE MARQUIS, ému.

Colette ?

LA MARQUISE.

Oui : Colin et Colette d'Auvergne ;
cette petite Colette dont tu me parlois
tant dans les commencemens de ton
séjour ici.

LE MARQUIS.

Ils sont à Paris ?

LA MARQUISE.

Eh ! oui : je les ai vus. Quel air as-
tu donc ? Cela t'attriste ?

LE MARQUIS.

Non , ma mère ! Vous ont-ils parlé
de moi ?

LA MARQUISE.

Beaucoup : ils t'appellent leur cher
ami.

DURVAL.

Oserai-je demander à madame la
marquise , ce que c'est que ce Colin
et cette Colette ?

LA MARQUISE.

Colin est un petit bourgeois qui ve-

noit profiter des maîtres de mon fils,
lorsque nous habitions l'Auvergne.....
Mais madame d'Orville arrivera de
bonne heure ; il est temps de vous habiller, mon fils ! je vous laisse. Monsieur Durval ! voulez-vous me rendre
un service ? J'ai des papiers intéressans
que mon procureur devoit venir prendre : allez le voir, je vous en prie ;
vous les lui porterez. Je vous demande
pardon, si....

DURVAL.

Madame ! en m'employant pour
vous, c'est m'obliger à la reconnoissance.

(Ils sortent.)

~~~~~~~~~~~~~~~~~~~~~~~~~~~~~~~~~~~~

SCÈNE XII.
LE MARQUIS, seul.

CÒLETTE est ici! je vais la revoir!
Colette que j'ai tant aimée!..... qui
m'aime encore, j'en suis sûr! Et dans
quel moment revient-elle! Je ne la
verrai point : je ne pourrois soutenir
ses reproches; tout mon amour re-
naîtroit peut-être, et je serois le plus
malheureux des hommes... Que diroit
ma mère, ma mère à qui je dois tout?..
je la ferois mourir de douleur. Non,
Colette, non, je ne vous verrai point:
l'émotion que votre nom seul m'a cau-
sée, me fait trop sentir qu'il ne faut
pas vous revoir.

~~~~~~~~

SCÈNE XIII.
LE MARQUIS, L'ÉPINE.

L'ÉPINE.

MONSIEUR le marquis veut-il
s'habiller ?

LE MARQUIS.

Ecoute, l'Epine ! as-tu vu ce jeune
homme qui est venu ce matin avec sa
sœur ?

L'ÉPINE.

Qui ? monsieur Colin et mademoiselle Colette ?

LE MARQUIS.

Tu leur as parlé ?

L'ÉPINE.

Oui : monsieur Colin m'a demandé
quand il pourroit vous voir ; je lui ai
dit de revenir à une heure.

LE MARQUIS.

Vous avez mal fait. S'ils reviennent,
l'Epine, tu leur diras que je n'y... Ah !
que cette visite m'inquiète et m'em-
barrasse !

L'ÉPINE.

Que faudra-t-il leur dire ?

LE MARQUIS.

C'est Colin qui m'a demandé ? Elle
n'a rien dit, elle ?

L'ÉPINE.

Qui ? sa sœur ?

LE MARQUIS.

Eh ! oui.

L'ÉPINE.

Oh ! non : elle étoit si triste ! Elle
m'a seulement demandé si vous étiez
un grand seigneur. Je crois, monsieur,
que cette fille-là vient implorer votre
protection pour quelque malheur qui
lui est arrivé; car en sortant, elle étoit
en larmes.

LE MARQUIS.

Elle étoit en larmes ?

L' É P I N E.

Oui : cela m'a fait peine ; elle a un petit air si doux, si intéressant ! vous ferez bien de lui rendre service, si vous le pouvez.

LE MARQUIS.

Ah ciel !

L' É P I N E.

Qu'avez-vous donc ? monsieur ! Je ne vous ai jamais vu aussi agité.

LE MARQUIS.

Mon pauvre l'Epine ! si tu savois combien je crains de la revoir !

L' É P I N E.

Qui ? mademoiselle Colette ?... Ah ! je commence à comprendre ; c'est une vieille connoissance que vous voudriez ne plus connoître. Eh bien ! monsieur ! rien n'est si aisé ; quand elle reviendra, je lui dirai que vous êtes sorti.

LE MARQUIS.

Non : il seroit affreux de me cacher. Je la verrai, je lui parlerai :

elle

elle sentira bien qu'il m'est impossible
de désobéir à ma mère. Oui, mon ami,
j'ai adoré Colette; je lui ai promis de
l'épouser; mais Colette est une simple
bourgeoise : juge si ma mère consen-
tiroit jamais....

L' É P I N E.

Madame votre mère ? Elle aimeroit
mieux vous voir mourir que de vous voir
déroger. Mais écoutez, monsieur; je
crois qu'il y auroit manière de s'arran-
ger. J'ai une morale qui m'a toujours
tiré de par-tout. Raisonnons : on ne
risque jamais de mal faire en remplis-
sant tous ses devoirs. D'après cela,
n'épousez point mademoiselle Colette,
parce que ce seroit manquer à ce
qu'un fils doit à sa mère : ensuite,
pour réparer vos torts envers mademoiselle Colette, faites-lui partager votre
fortune, donnez-lui une bonne maison; en un mot....

B. D

LE MARQUIS.

Taisez-vous ; je vous chasserois tout
à l'heure. Si vous connoissiez Colette...

L'ÉPINE.

Monsieur, je ne dis plus mot : mais
quand mademoiselle Colette viendra,
que lui dirai-je ?

LE MARQUIS.

Je n'en sais rien : venez m'habiller.

FIN DU PREMIER ACTE.

ACTE II.

SCÈNE PREMIÈRE.

LE MARQUIS, seul, sa montre à la main.

Il est près d'une heure : Colette ne tardera pas. Chaque minute qui s'écoule augmente mon incertitude. L'Épine !....

SCÈNE II.

LE MARQUIS, L'ÉPINE.

L'ÉPINE, dans la coulisse.

Monsieur !

LE MARQUIS.

Eh ! venez donc !

D 2

L'ÉPINE, paroissant.

Me voilà, monsieur!

LE MARQUIS.

Elle va venir.

L'ÉPINE.

Oui, monsieur.

LE MARQUIS.

Je ne veux pas la voir : je me per-
drois, j'en suis sûr.

L'ÉPINE.

Eh bien, monsieur! restez dans votre
appartement ; je la recevrai, moi, je
m'en charge.

LE MARQUIS, à part.

Me cacher pour ne pas la voir! elle
à qui j'ai juré tant de fois de l'aimer
toute ma vie !

L'ÉPINE.

Oh ! si l'on se mettoit sur le pied
de tenir toutes ces promesses-là, qui,
diable, pourroit y suffire ?

LE MARQUIS, à part.

Et Colin, le bon Colin qui m'aimoit
tant, qui m'appeloit son frère, qui

me serra dans ses bras lorsque je le
quittai.... Voilà l'indigne réception
que je lui prépare.

L'ÉPINE.

Monsieur !....

LE MARQUIS.

Eh bien ?

L'ÉPINE.

J'entends du bruit ; sauvez-vous !
les voilà, sauvez-vous donc !

LE MARQUIS.

Il n'est plus temps : que devenir ?

(Colin et Colette paroissent.)

~~~~~~~~

SCÈNE III.

LE MARQUIS, COLIN, COLETTE, L'ÉPINE.

(Colin entre le premier, Colette le suit les yeux baissés ; le marquis va à Colin sans oser regarder Colette.)

LE MARQUIS.

AH ! c'est vous, mon cher Colin ?

COLIN.

Oui, c'est Colin. Etes-vous aussi celui que nous venons chercher ?

LE MARQUIS, les yeux baissés.

Mon cœur est toujours le même.

COLIN.

Nous le désirons bien. Mais faites retirer ce domestique : à présent que

vous êtes grand seigneur, nous n'o-
serons plus vous aimer devant le
monde.

LE MARQUIS, à l'Épine.

Sortez.

(L'Épine sort.)

~~~~~~

SCÈNE IV.

LE MARQUIS, COLIN,
COLETTE.

(Il se fait un moment de silence.)

___

LE MARQUIS, très-embarrassé.

MA mère avoit oublié ce matin de
s'informer de vôtre demeure; j'en ai
été bien fâché.

COLIN, l'examinant.

Puisque nous savions la vôtre, vous
étiez bien sûr de nous voir.

LE MARQUIS.

Ah! je vous vois trop tard.

COLETTE.

Plût au ciel ne l'avoir jamais vu !
(Il se fait encore un silence.)

COLIN.

Vous ne reconnoissez pas ma sœur ?

LE MARQUIS.

Je suis le plus malheureux des hommes; je dépends de ma mère, ma fortune est son ouvrage ; je lui dois tout ,
je lui dois même le sacrifice de mon
bonheur. Ne me haïssez pas... Ne me
méprisez pas... Si vous saviez...

COLIN.

Vous me faites pitié : croyez-moi ,
terminons un entretien pénible pour
tous : vous craignez de nous recon-
noître; et nous ne vous reconnoissons
plus. Adieu.

(Ils s'en vont.)

LE MARQUIS.

Arrêtez ; je vous supplie.

COLETTE, retenant Colin.

Mon frère, il veut vous parler.

LE MARQUIS.

Ayez pitié de moi, Colette ; ne m'accablez pas de votre mépris. Oui, je sens bien que je l'ai mérité : la fortune, l'ambition, m'ont aveuglé. J'ai manqué à l'amour, à l'amitié ; j'ai désiré de vous oublier, j'ai voulu vous arracher de mon cœur : je le sais, je sais que je n'ai point d'excuse. Mais je me suis vu dans un nouveau monde ; j'ai cédé au torrent qui m'entraînoit, à l'ascendant que ma mère a sur moi ; elle n'étoit occupée que d'éloigner tout ce qui pouvoit rappeler notre ancienne pauvreté ; elle me défendit de penser à vous.

COLETTE.

Lorsqu'autrefois vous étiez pauvre, et que je l'étois moins que vous, mon père me défendit aussi de vous aimer : vous savez comment je lui obéis.

LE MARQUIS.

Ah ! croyez que votre image n'a
pas quitté mon cœur. Dès que j'ai
entendu prononcer votre nom, tout
mon amour s'est réveillé ; votre pré-
sence achève de me rendre à moi-
même. En vous parlant, en vous regardant, je redeviens tel que vous
m'avez vu : chaque coup-d'œil que
vous jetez sur moi me rend une vertu
que j'avois perdue ; et dès que vous
ouvrez la bouche, mon cœur palpite,
comme autrefois quand vous étiez fâ-
chée contre moi, et que j'attendois
mon pardon.

COLETTE.

Qu'osez-vous rappeler !

LE MARQUIS.

Nos sermens, notre amour ; cet
amour si tendre, si vrai, qui nous
enflamma dès l'enfance, et sans lequel
nous ne fîmes jamais un seul projet
de bonheur. Souvenez-vous, Colette,
de nos premières années ; souvenez-

vous que les premiers mots que nous avons prononcés, ont été la promesse de nous aimer toujours.

COLETTE.

Hélas ! qui de nous deux y a manqué ?

LE MARQUIS.

Ce seroit vous, Colette, si vous m'abandonniez à présent, puisque je vous aime, puisque je vous chéris plus que jamais. Le voudriez-vous : parlez. Auriez-vous la force de me dire : Jeannot, je ne vous aime plus ?

COLETTE.

Jamais je ne prononcerai ce mot-là.

LE MARQUIS, à Colin.

Elle s'attendrit, mon ami ; demande-lui pardon pour moi.

(Il se jette dans les bras de Colin.)

COLIN, ému.

Ma sœur, il vient de m'embrasser comme il m'embrassoit autrefois.

LE MARQUIS.

Colette ! mon ami ! je suis encore
digne de vous : je le sens aux trans-
ports de mon cœur. Ah ! le don d'aimer est un présent que le Ciel ne fait
qu'une fois. J'ai si souvent regretté les
jours tranquilles que nous passions ensemble ! J'ai si bien éprouvé que le
bonheur n'est que dans l'amour et dans
l'obscurité !

COLIN.

Mon ami, il ne tient qu'à toi d'en
jouir encore. Reviens chez nous, tu
trouveras assez de malheureux pour
bien placer ton argent ; tu feras du
bien ; nous t'aimerons ; ce sera jouir
à-la-fois du bonheur des pauvres et
des riches.

LE MARQUIS.

Plût au ciel que ma mère t'enten-
dît avec l'émotion que tu me causes !
mais ma mère n'est occupée que d'ambition ; elle est bien malheureuse ;
elle ne songe jamais à ce qu'elle a , et
toujours

toujours à ce qu'ont les autres. J'espère cependant la fléchir : je lui montrerai cette promesse de mariage que nous prenions plaisir à renouveler tous les jours. Vous devez l'avoir, Colette.

COLETTE.

Je ne l'ai pas perdue : mais, depuis quelque temps, je n'osois plus la lire ; il me sembloit qu'elle me disoit du mal de vous.

LE MARQUIS.

Mon frère, mon amie, je vous jure de nouveau par tout ce que j'aime, que je tiendrai ma parole. Je vais me jeter aux genoux de ma mère : je vais lui déclarer que j'en mourrai si je ne suis pas votre époux, et que toute autre femme....

3. E

SCÈNE V.

COLIN, COLETTE, LE MARQUIS, LA MARQUISE.

LA MARQUISE.

MON fils ! on vient d'apporter vos habits de noces.

COLETTE.

O ciel !

LE MARQUIS.

Gardez-vous de croire....

COLETTE.

Vous me trompiez...

LE MARQUIS.

Le Ciel m'est témoin...

LA MARQUISE.

Qu'avez-vous donc, mon fils ? Et que signifient tant de secrets avec mademoiselle Colette ? Ce n'est point la veille d'un mariage, que l'on reçoit

de pareilles visites. Et vous, monsieur
Colin et mademoiselle, vous venez
obséder mon fils : il n'a pas le temps
de s'occuper de vous ; je vous prie de
le laisser en repos.

COLIN.

Oui, madame ! oui ; nous allons le
laisser, soyéz-en bien sûre. Viens,
ma sœur, viens avec ton frère ; puisse-
t-il te tenir lieu de tout ?

(Ils sortent.)

LE MARQUIS court après eux.

Non : demeurez, je vous en conjure.

COLIN.

Vous auriez trop à rougir.

SCÈNE VI.

LE MARQUIS, LA MARQUISE.

LE MARQUIS.

MA mère, je vous respecte, je vous
honore; mais vous me percez le cœur,
mais vous vous dégradez vous-même.
Eh! de quel droit osez-vous mépriser
mes amis, mes égaux, les vôtres?
Quels sont vos titres, ma mère? Leur
naissance vaut la mienne, et leur
cœur vaut mieux que le mien.

LA MARQUISE.

Est-ce vous qui parlez, mon fils?
Est-ce bien vous qui osez?...

LE MARQUIS.

Oui, ma mère, j'ose vous dire que
vos richesses ne sont rien, et que je

les abhorre si elles m'ôtent le droit de
disposer de moi-même.

LA MARQUISE.

Je t'entends : le voilà ce mystère
que je craignois de découvrir. Que
vous étiez bien né pour l'état vil
d'où ma tendresse vous a tiré ! vous
en avez toute la bassesse. Vous aimez
Colette, j'en suis sûre; vous rougissez
de me le dire : mais...

LE MARQUIS.

Non, ma mère, non, je n'en rou-
gis pas. J'aime Colette, je fais gloire
de l'avouer; mon amour pour elle est
presque aussi ancien dans mon cœur
que ma tendresse pour vous. C'est en
vain que j'ai voulu l'éteindre; graces
au ciel, le peu de vertu qui me reste
l'a emporté sur mon orgueil. J'ai
promis à Colette de l'épouser, je tiendrai ma parole; mon honneur, ma
félicité, en dépendent : je préfère
Colette, pauvre, simple et honnête,

E 3

à toutes vos femmes, dont la richesse
est la seule qualité.

LA MARQUISE.

Où en sommes-nous, grand Dieu !
Vous, l'époux de Colette ! Vous...

SCÈNE VII.

LE MARQUIS, LA MARQUISE, DURVAL.

DURVAL.

VOTRE procureur étoit au palais,
madame ! et j'ai...

LA MARQUISE.

Ah ! monsieur Durval, venez à
mon secours ; venez entendre ce qu'il
ose me dire ; il veut épouser cette
Colette dont je vous ai parlé ; il veut
faire le malheur et la honte de ma
vie.

DURVAL.

Monsieur le marquis, songez donc
à ce que vous êtes; songez.....

LE MARQUIS.

Songez vous-même à ne pas vous
mêler des affaires de mon cœur : depuis que je vous connois, il n'a jamais
eu rien de commun avec vous.

LA MARQUISE.

C'en est trop, ingrat : voilà donc le
prix de tout ce que j'ai fait ! Je n'ai
vécu que pour toi ; j'ai tout sacrifié
pour toi ; et au moment où ta fortune
alloit me payer de tant de sacrifices,
tu veux m'avilir, te dégrader, manquer à ta parole, à celle que j'ai donnée à madame d'Orville ?

LE MARQUIS.

Eh ! ma mère ! dois-je la tromper ?
Dois-je l'épouser quand j'en aime une
autre ? Elle va venir, je veux la prendre pour juge ; je veux lui déclarer
ma passion pour Colette.

LA MARQUISE.

Cruel enfant! voici le premier chagrin que tu me donnes, il est violent; tu aurois dû y accoutumer mon cœur. Ecoute-moi, daigne écouter ta mère; elle a peut-être le droit de te supplier. Je te demande, je te conjure de ne parler de rien à madame d'Orville: je t'accorderai du temps pour te décider à l'épouser; mais ne va pas éloigner de moi la plus chère et la plus tendre des amies. Mon fils, j'attends cette bonté de toi. (à part.) Si j'étois assez heureuse pour qu'elle ne vînt pas....

SCÈNE VIII.

LE MARQUIS, LA MARQUISE, DURVAL, L'ÉPINE.

L'ÉPINE.

MADAME la comtesse d'Orville.

SCÈNE IX.

LE MARQUIS, LA MARQUISE, LA COMTESSE, DURVAL.

LA MARQUISE, à part.

O CIEL ! (haut :) Eh ! bon jour, madame ; nous commencions à craindre de ne pas vous avoir : mon fils alloit courir chez vous.

LA COMTESSE.

Comment supposiez-vous que je manquerois à mon engagement ? Je me sais pourtant gré d'arriver tard, puisque j'ai donné un peu d'inquiétude à monsieur le marquis.

LE MARQUIS.

Madame...

LA MARQUISE.

Vous êtes-vous promenée aujourd'hui ?

LA COMTESSE.

Nou ; je sors de chez moi.

LA MARQUISE, à demi-voix.

Mon fils a passé sa matinée aux Tuileries, espérant vous y trouver.

LE MARQUIS.

Je suis trop vrai....

LA MARQUISE.

J'espère que nous dînerons bientôt. Monsieur Durval, voulez-vous bien dire que l'on nous serve ?

(Durval sort.)

~~~~~~

SCÈNE X.

LE MARQUIS, LA MARQUISE, LA COMTESSE.

LA MARQUISE, à la comtesse.

Vous serez seule avec nous.

LA COMTESSE.

J'y serai moins seule que par-tout ailleurs. Si vous saviez combien je suis lasse de ce grand monde où l'on court toujours après le plaisir, sans jamais trouver le bonheur!

LE MARQUIS.

Et comment le trouver, madame, si l'on ne prend pas son cœur pour guide?

LA COMTESSE.

Vous avez raison, monsieur le marquis. Mais qu'avez-vous donc aujourd'hui? Je vous trouve l'air inquiet.

LA MARQUISE.

Pardonnez-lui : il est entièrement occupé de sa reconnoissance et du désir de vous plaire.

LA COMTESSE.

Il est un sûr moyen de plaire ; c'est de savoir aimer.

LE MARQUIS.

Ah ! madame , cela s'apprend bien vite ; et la première leçon ne s'oublie jamais.

LA MARQUISE, à la comtesse.

Voilà ce qu'il m'a dit la première fois qu'il vous a vue.

SCÈNE XI.

~~~~~~

SCÈNE XI.
LES MÊMES, LE MAITRE-D'HOTEL.

LE MAÎTRE-D'HÔTEL.

MADAME la marquise est servie.

LA MARQUISE.

Allons-nous mettre à table ; ensuite j'aurai bien des choses à vous dire.

FIN DU SECOND ACTE.

E

ACTE III.

SCÈNE PREMIÈRE.
LA COMTESSE, DURVAL.

LA COMTESSE.

Qu'est-ce donc, monsieur Durval, que cet homme de loi qui vient de demander la marquise et son fils? Auroit-elle un procès?

DURVAL.

Non, madame; c'est une discussion fort peu intéressante, une affaire de rien : soyez sûre que madame la marquise n'est occupée dans ce moment que du bonheur de vous avoir pour sa fille.

LA COMTESSE.

J'espère que ce mariage fera ma félicité. Cependant je suis bien mécontente du marquis; lui que j'ai toujours vu d'une gaieté charmante, il est d'un sérieux qui me glace ; il a l'air de m'épouser malgré lui. Je vous assure que, sans mon extrême amitié pour sa mère, je retirerois ma parole.

DURVAL.

Il faut pardonner à son âge une timidité que vous prenez pour de la froideur. Son respect pour vous gêne ses sentimens ; il n'ose pas encore vous dire qu'il vous aime, et il est distrait par le plaisir de le penser.

LA COMTESSE.

J'ai bien peur, monsieur Durval, que vous n'ayez besoin de tout votre esprit pour le défendre.

SCÈNE II.

LE MARQUIS, LA COMTESSE,
LA MARQUISE, DURVAL.

LE MARQUIS.

Non, ma mère, non ; je ne puis me
taire.

LA MARQUISE.

Mais, mon fils, arrêtez ; tout n'est
pas perdu.

LE MARQUIS.

Tout le seroit si j'étois assez vil
pour cacher notre malheur. (à la comtesse :) Madame ! ma mère avoit un
procès d'où dépendoit toute sa fortune : il vient d'être jugé ; et nous
l'avons perdu.

DURVAL.

Ah ciel !

SCÈNE II.

65

LA COMTESSE.

Comment ! toute votre fortune ?

LE MARQUIS.

Il ne nous reste rien au monde que
des dettes.

LA MARQUISE.

Le malheur n'est pas si grand qu'il
vous le dit. Si vous êtes assez notre
amie pour nous obtenir l'appui de votre
famille, il est impossible....

LA COMTESSE.

Vous ne doutez sûrement pas, madame, du vif intérêt que vous m'ins-
pirez : mais un procès n'est pas une
affaire de faveur; personne n'est assez
puissant pour en imposer aux lois.
D'ailleurs, à mon âge et dans ma po-
sition, je ne peux guère solliciter pour
monsieur le marquis; on interprèteroit
mal...

LA MARQUISE.

L'amitié et les engagemens qui

E 3

nous lient, sont des titres plus que
suffisans....

LA COMTESSE.

Je voudrois de tout mon cœur vous
être utile ; mais nos engagemens sont
au moins reculés. Je ne me plaindrai
point du mystère que vous m'avez
fait ; je vois avec douleur que je ne
peux vous être bonne à rien , et que
dans un moment aussi cruel vous avez
besoin de solitude. (Elle lui fait une
grande révérence et sort.)

SCÈNE III.

LE MARQUIS, LA MARQUISE,
DURVAL.

LA MARQUISE.

Est-ce bien elle ! elle qui me juroit
hier encore une éternelle amitié ; qui
vouloit tout quitter, tout abandonner

pour vivre avec moi, pour devenir
ma fille ! Ah ! monsieur Durval, n'en
êtes-vous pas indigné ?

D U R V A L.

Comment, madame ! en perdant
ce procès, vous perdez toute votre
fortune ?

L A M A R Q U I S E.

Hélas ! je n'avois d'autre bien que
cette succession : je ne crains pas de
vous ouvrir mon cœur, vous êtes le
seul ami qui me reste.

D U R V A L, à part.

Ce procès me ruine aussi.

L A M A R Q U I S E.

Donnez-moi vos conseils.

D U R V A L.

Il n'y en a plus quand on est sans
ressource. D'ailleurs, je suis aussi à
plaindre que vous; je ne dois plus
compter sur les promesses que vous
m'avez faites ; j'ai perdu mon temps
dans votre maison.

LE MARQUIS.

Hâtez-vous donc d'en sortir, monsieur, puisque notre fortune étoit le seul lien qui vous attachoit à nous.

DURVAL.

Mais...

LE MARQUIS.

Ne cherchez point de vaines excuses ; nous ne valons plus la peine que vous vous déguisiez.

(Durval sort.)

SCÈNE IV.

LE MARQUIS, LA MARQUISE.

LE MARQUIS.

Eh bien ! ma mère, les voilà, ces amis sur lesquels vous osiez compter ! Vous voyez...

SCÈNE V.

LE MARQUIS, LA MARQUISE, L'ÉPINE.

L'ÉPINE.

MONSIEUR le marquis m'excusera bien si je prends la liberté de lui demander si ce que l'on dit est vrai.

LE MARQUIS.

Quoi ?

L'ÉPINE.

Monsieur ; c'est votre procès : on assure qu'il est perdu, et que monsieur le marquis est ruiné.

LE MARQUIS.

Cela ne que trop vrai ; laissez-nous.

L'ÉPINE, à part.

Oh ! c'est bien mon projet. (haut :) Mais, monsieur....

LE MARQUIS.

Eh bien ?

L'ÉPINE.

Monsieur le marquis ne gardera peut-être pas de domestique ? et je sais une maison où je pourrois entrer : voilà pourquoi, si c'étoit un effet de votre bonté de me mettre à la porte en me payant, je vous serois fort obligé.

LE MARQUIS.

L'Épine, ce soir vous serez payé, et libre d'aller où vous voudrez : sortez.

L'ÉPINE.

Oh ! je ne suis pas inquiet, monsieur ; mais....

LE MARQUIS.

Mais jusques-là je suis votre maître; sortez ; ne me le faites pas répéter.

L'ÉPINE, s'en allant.

Il faut qu'il ait encore de l'argent, car il est fier.

SCÈNE VI.

LE MARQUIS, LA MARQUISE.

LE MARQUIS.

Du courage, ma mère! la bassesse de ceux que vous avez crus vos amis doit vous consoler. Puisqu'ils n'aimoient que vos richesses, ce sont eux qui les ont perdues ; et nous y gagnerons le bonheur de vivre pour nous. Cependant, ne négligeons aucun des moyens qui nous restent : vous avez d'autres amis. Darmont m'a toujours paru vous être véritablement attaché....

LA MARQUISE.

Oui, mon fils ; j'ai été assez heureuse pour lui rendre de grands services : je vais mettre sa reconnoissance à l'épreuve.

(Elle sort.)

SCÈNE VII.

LE MARQUIS, seul.

Moi, je vole chez Colin; c'est à lui que
je veux tout devoir.... Mais Colette,
Colette qui croit que je l'ai trompée,
qui s'est retirée sans vouloir m'entendre, ne pensera-t-elle pas que c'est
l'indigence qui me ramène à ses pieds?
Ce doute est affreux, et me retient
malgré moi. Que je suis malheureux!
Je n'oserai plus lui dire que je l'aime...
Ô ciel! voilà Colin : comment oser lui
parler !

SCÈNE VIII.

SCÈNE VIII.

LE MARQUIS, COLIN,

un papier à la main.

COLIN.

Vous ne comptiez plus me revoir; rassurez-vous, c'est la dernière fois. Je ne
viens point troubler les apprêts de votre mariage; je ne viens point vous reprocher votre fortune et votre bonheur.
J'ai voulu vous rendre moi-même cette
promesse que ma sœur eut la foiblesse
d'accepter : j'ai voulu briser de ma
main tous les liens qui nous attachoient
l'un à l'autre ; vous êtes libre, et vous
serez heureux : je vous estime assez peu
pour en être sûr.

LE MARQUIS, à part.

Quel langage ! et je l'ai mérité !

3 G

COLIN.

Vous craignez de rougir en repre-
nant ce papier ! Vous n'avez pourtant
pas rougi , lorsqu'avec un air de fran-
chise et de tendresse , ici à cette même
place, vous nous demandiez pardon :
vous parliez à ma sœur de mariage et
d'amour , tandis que vous aviez tout
conclu pour en épouser une autre demain. Allez ! l'homme capable d'une
ruse aussi indigne, doit tirer vanité de
n'être ému de rien : osez me regarder ,
c'est à moi de rougir.

LE MARQUIS , après une pause.

Oui, vous avez raison. J'ai pu
vous cacher un mariage.... qui ne se
seroit pas fait ; il est juste que j'en sois
puni. Rendez-moi cette promesse ; (Il
la prend.) c'est le seul bien qui me
reste : mais j'en suis indigne, il faut y
renoncer. (Il la déchire.) Allez , aban-
donnez un malheureux qui ne mérite
que votre mépris. Mais hâtez-vous de

de l'abandonner : si vous saviez combien il est à plaindre , peut-être...

COLIN.

Vous, à plaindre ! Et tout succède
à vos vœux ; vous épousez , dit-on,
une femme de qualité , dont le crédit
doit vous porter au comble des hon-
neurs ; vous jouissez d'une fortune
immense ; votre mère vous idolâtre ;
tout ce qui vous entoure n'est occupé
que de vous plaire : rien ne peut alté-
rer tant de bonheur. Le seul souvenir
d'un ami et d'une maîtresse que vous
avez trompés , pourroit vous importu-
ner dans vos plaisirs ; mais vous n'entendrez jamais parler d'eux : et , dans
la classe où vous allez monter , on oublie aisément les malheureux qu'on a
faits.

LE MARQUIS.

C'en est trop : Colin ! respectez mon
malheur : apprenez...

G 2

SCÈNE IX.

COLIN, COLETTE, LE MARQUIS.

COLETTE, accourant.

Ah! mon frère! ils ont perdu tous leurs biens : vous l'ignorez, et j'accours pour vous empêcher d'insulter à leur infortune.

COLIN.

Comment! ma sœur! expliquez-vous.

COLETTE.

Leur malheur est déjà public : un procès les a dépouillés de toutes leurs richesses ; et ils sont réduits à la plus affreuse indigence.

LE MARQUIS.

Oui ; et je regrette peu tout ce que j'ai perdu : mon plus grand malheur, celui qui me touche le plus, c'est que

vous me croyez coupable : et j'ai trop
d'intérêt à vous paroître innocent,
pour que j'ôse me justifier.

C O L E T T E.

Vous justifier ! croyez-moi, épar-
gnez-vous ce soin : on ne trompe
qu'une fois celle qui ne méritoit pas
d'être trompée. Mais vous êtes malheureux ; je viens supplier mon frère de
vous secourir. Oui, mon frère ! il n'a
offensé que moi : il n'a manqué qu'à
l'amour, l'amitié doit l'ignorer. Tu
serois cent fois plus coupable que lui
si tu l'abandonnois ; car il me restoit
mon frère, et que lui restera-t-il ? Sa
maison est déjà déserte : tout le monde
le fuit. Mon frère ! tu seras son appui,
tu le tireras de l'infortune : et mon cœur
te payera de tes bienfaits, en ajoutant
à ma tendresse pour toi toute celle que
j'avois pour lui.

G 3

LE MARQUIS.

Colette, vous déchirez mon cœur et vous l'enflammez. Non, je ne vous ai pas trompée : dès l'instant où je vous ai vue, j'étois résolu de rompre ce mariage. Si je vous l'ai caché, c'étoit pour ne pas paroître si coupable, c'étoit pour ne pas vous affliger.

COLETTE.

Si vous aviez jamais aimé, vous sauriez que la plus affreuse nouvelle n'afflige pas autant que le plus léger manque de confiance.

LE MARQUIS.

Eh bien ! Colette, décidez de mon sort. Je suis au comble du malheur : sans ressource, abandonné de tout le monde, je n'ai d'appui que vous seule. Rendez-moi votre cœur, j'accepte vos bienfaits : mais si vous ne m'estimez pas, si vous ne m'aimez plus, vous avez perdu le droit de m'être utile : je ne veux rien vous devoir.

COLETTE.

Quoi! vous voulez.....

LE MARQUIS.

Je veux mourir, ou être aimé de vous : cette volonté ne m'est pas nouvelle.

COLETTE, après une pause.

Mon frère! si nous l'abandonnons, personne ne viendra le secourir.

LE MARQUIS.

Point de pitié, Colette! ce sentiment est affreux quand il succède à l'amour. Haïssez-moi, ou pardonnez-moi, comme vous me pardonniez autrefois.

COLETTE, le regardant.

Ah! que l'infortune vous va bien! Depuis que vous êtes malheureux, vous ressemblez bien davantage à ce Jeannot que j'ai tant aimé.

LE MARQUIS.

Je n'ai jamais cessé de l'être : mon cœur vous en répond : il est à vous ce témoin-là; il ne peut vous mentir.

COLETTE.

Si j'étois bien sûre....

~~~~~~~~~~~~~~~~~~~~~~~~~~~~

SCÈNE X.

LE MARQUIS, COLIN, COLETTE, LA MARQUISE.

LA MARQUISE.

Mon fils ! tout est perdu : je viens de chez un ingrat qui me doit tout ; il n'a pas même voulu me recevoir. Que devenir ? Il ne me reste plus rien sur la terre !

COLIN.

Ah ! madame ! pourquoi oubliez-vous qu'il vous reste Colin ? Ma sœur et moi, nous avons éprouvé aujourd'hui une douleur plus vive que celle qui vous accable : vous ne perdez que votre fortune; et nous avons craint d'avoir perdu nos amis. C'est à vous, madame! à nous prouver notre injustice : c'est à vous à consoler nos cœurs en acceptant tout ce que nous possédons.

LE MARQUIS.

J'en étois sûr, Colin! Oui, ma mère! voilà votre ami, votre bienfaiteur; c'est à lui que mon cœur vous confie : quant à moi, il m'est impossible de partager le bonheur que vous promet son amitié.

LA MARQUISE.

Qu'entends-je? mon fils! Tu veux me quitter?

LE MARQUIS, montrant Colette.

Elle ne m'aime plus! elle croit que je l'ai trompée!

LA MARQUISE.

Vous? Colette! eh! c'est pour vous seule qu'il osoit me désobéir; c'est pour vous....

COLETTE.

N'achevez pas : c'est lui que je veux croire. Oui, je suis sûre de ton cœur : et je ne te rends pas le mien ; jamais je n'ai pu te l'ôter. Ta Colette est aujourd'hui bien plus heureuse que toi, puisque c'est elle enfin qui fera ton bonheur.

(Le marquis tombe à ses pieds, et se tourne vers Colin.)

LE MARQUIS.

Et toi ! es-tu mon frère ?

COLIN l'embrasse.

Il y a long-temps. (à la Marquise :) Madame ! nous étions destinés à ne faire qu'une famille ; souffrez que vofils épouse ma sœur, et que tout mon bien lui serve de dot.

LA MARQUISE.

Ah ! Colin ! quelle vengeance ! et combien vous êtes au-dessus de moi !

COLIN.

Vous vous trompez, puisque c'est
vous qui êtes malheureuse.

LE MARQUIS.

Eh! ma mère! dites donc bien vîte
que vous me donnez à Colette.

LA MARQUISE.

Hélas! mes enfans! c'est moi qui
me donne à vous. Mais comment pour-
rai-je réparer jamais....

COLETTE.

Ah! ma mère! si vous saviez combien je vous dois pour le plaisir de vous
appeler ma mère!

COLIN.

J'ai ici de quoi vous acquitter avec
vos créanciers. Nous donnerons à ta
mère, mon cher Jeannot, ton patri-
moine d'Auvergne ; la dot de ta
femme restera dans mon commerce,
que je ne ferai plus que pour vous
deux. (à la marquise :) Approuvez-vous
ce que je lui propose ?

LA MARQUISE.

Je vous devrai, Colin, bien plus
que vous ne pensez : vous m'avez appris que le bonheur n'est pas dans la
vanité, et que la vertu seule vient au
secours de l'infortune.

FIN.

LES

LES JUMEAUX

DE

BERGAME,

COMÉDIE

EN UN ACTE, ET EN PROSE,

REPRÉSENTÉE pour la première fois
par les Comédiens Italiens ordinaires
du roi, le Mardi 6 Août 1782.

PERSONNAGES.

ARLEQUIN.
ARLEQUIN CADET.
ROSETTE.
NÉRINE.

La scène est à Paris, dans une place pu-
blique, où est la maison de Rosette.
A la porte de cette maison doit être
un banc de pierre.

LES JUMEAUX
DE BERGAME,

COMÉDIE.

SCÈNE PREMIÈRE.

ARLEQUIN, NÉRINE.

NÉRINE.

Je te suivrai par-tout.

ARLEQUIN.

Comme il vous plaira ; la rue est libre.

NÉRINE.

Je saurai ce que tu fais, et où tu vas.

ARLEQUIN.

Vous ne saurez rien ; car je vais rester ici à ne rien faire.

H 2

NÉRINE.

Mais, dis-moi, je t'en supplie.....

ARLEQUIN.

Quoi ?

NÉRINE.

Tu es bien sûr que je t'aime ?

ARLEQUIN.

Oui.

NÉRINE.

Et toi, m'aimes-tu ?

ARLEQUIN.

Non.

NÉRINE, en colère.

Et tu penses, perfide ?...

ARLEQUIN.

Un moment, mademoiselle Nérine :
êtes-vous capable de m'écouter une
minute de sang froid ?

NÉRINE.

Oui, oui, parle, parle; je t'écoute :
je suis curieuse de savoir comment tu
pourras t'excuser de cette indifférence,
de cette froideur qui fait le malheur
de ma vie; comment tu pourras me

persuader... Mais parle donc, je t'é-
coute tranquillement.

ARLEQUIN.

Je le vois bien ; mais votre tranquil-
lité me fait peur.

NÉRINE.

Allons, explique-toi, justifie-toi ;
parle-moi donc.

ARLEQUIN.

Soyez juste, mademoiselle Nérine :
vous savez bien que de ma vie je ne vous
ai parlé d'amour; d'après cela....

NÉRINE, très-vivement.

Tu ne m'en as jamais parlé, scélérat ?
tu ne m'en as jamais parlé ? Te sou-
vient-il des premiers temps que tu étois
dans la maison ? Comme tu volois au
devant de ce qui pouvoit me plaire !
comme tu t'empressois de faire tout
l'ouvrage que je devois partager ! Tu
ne m'abordois jamais qu'avec cet air
doux et tendre que tu prends si bien

quand tu veux, monstre! et tu n'appelles pas cela de l'amour? Dis plutôt que j'ai cessé de te plaire; dis-moi qu'une autre plus heureuse m'a enlevé ton cœur. Mais ne te flatte pas que l'on m'ôtera impunément mon bien : non traître! non, perfide! je me vengerai, sois-en sûre; je punirai ton mépris; et, puisque l'amour le plus tendre n'a fait de toi qu'un ingrat, je mériterai ton indifférence, en m'occupant de te haïr, comme je m'occupois de t'aimer.

ARLEQUIN.

Si vous m'écoutez toujours comme cela, jamais vous ne m'entendrez.

NÉRINE.

Mais parle donc, défends-toi; profite de ce moment de calme.

ARLEQUIN.

Vous savez bien, mademoiselle Nérine, qu'il y a six mois que j'entrai au service de vos maîtres,

NÉRINE.

Après, après, après....

ARLEQUIN.

En arrivant dans votre maison, je
m'occupai de gagner l'amitié de tout
le monde ; vous fûtes avec moi plus po-
lie que personne ; je fus plus honnête
avec vous. Petit à petit, votre politesse
est devenue de l'amour ; ce n'est pas ma
faute : vous ne m'avez pas consulté ; car
si vous l'aviez fait, je vous aurois dit :
Mademoiselle Nérine ! je ne vaux pas la
peine d'être aimé de vous ; je suis retenu.

NÉRINE.

Comment ! Que veux-tu dire ? Et tu
crois....

ARLEQUIN.

Continuons à causer paisiblement.
Oui, mademoiselle, j'en aime une autre : je l'aimois avant de vous connoître ; sans cela peut-être auriez-vous
eu la préférence. Vous voyez que je

suis toujours poli ; devenez raisonnable, mademoiselle Nérine. Que diable ! je ne vous ai jamais fait de mal, moi ; pourquoi m'aimez-vous ?

NÉRINE, dans la dernière fureur.

Eh bien ! puisque tu le veux, puisque tu le désires, tu peux compter sur la haine la plus implacable. Dès aujourd'hui, je te défends de me parler, de me regarder, de jamais te trouver dans les lieux où je serai. Perfide ! je te prouverai que tu ne méritois pas une femme comme moi. Et ne t'imagine pas que tu pourras rire avec ta nouvelle maîtresse, et te moquer de mes chagrins : non, non ; je saurai me venger. (Elle lui fait faire le tour du théâtre.) Je découvrirai ma rivale, je vous poursuivrai tous les deux, j'allumerai ta jalousie et la sienne, je vous brouillerai, je vous rendrai malheureux l'un par l'autre, je ferai de votre ménage un enfer, et ton tourment sera la seule occupation et le seul plaisir de ma vie. Adieu.

(Elle sort.)

SCÈNE II.

ARLEQUIN, seul.

CETTE femme-là a une manière de s'at-
tendrir à laquelle je ne peux pas m'accoutumer ; je tremble comme la feuille
toutes les fois qu'elle me parle de tendresse. Ah ! que Rosette est différente !
Quand je suis près d'elle, je ne tremble jamais de rien, que de ne pas lui
plaire assez. Heureusement, je dois
l'épouser demain : eh bien ! malgré notre mariage, je sens que j'aurai toujours
cette frayeur-là. Mais la voici. (Rosette
sort de sa maison avec une boîte à portrait à la
main.)

SCÈNE III.

ROSETTE, ARLEQUIN.

ROSETTE.

Bon jour, mon ami ; je t'attendois avec impatience. Jamais je ne me suis tant ennuyée qu'aujourd'hui ; c'est sans doute parce que je dois t'épouser demain, et que la veille d'un beau jour est bien longue.

ARLEQUIN.

Je suis comme toi, ma bonne amie. J'ai beau écouter l'horloge à toutes les minutes, elle ne sonne que toutes les heures ; et quand nous sommes ensemble, cette drôlesse-là sonne les heures à toutes les minutes.

ROSETTE.

J'espère que notre mariage ne réglera pas cette horloge.

ARLEQUIN.

Que tiens-tu là ? Voyons, montre
vite ; je suis pressé. Pour qui cela ?

ROSETTE.

C'est pour toi ; car c'est moi.

ARLEQUIN, regardant le portrait.

Comment! Oui, c'est toi. Tu es là,
(Il montre le portrait.) tu es là, (Il
montre Rosette.) tu es ici, (Il montre son
cœur.) tu es par-tout. Je ne m'étonne
plus si je te vois par-tout.

ROSETTE.

Mon ami, depuis long-temps je t'ai
donné mon cœur ; aujourd'hui voilà
mon portrait, et demain je serai ta
femme.

ARLEQUIN, regardant le portrait.

Qu'il est joli! C'est un peintre qui a
fait cela, ma bonne amie ? j'en suis fâché : il est sûrement amoureux de toi,
ce peintre-là ; car il faut regarder quelqu'un pour le peindre. Oh ! c'est bien
toi. (Il le baise.) Plus je l'embrasse ,

plus j'ai envie de t'embrasser..... Mais non : je dois t'épouser demain ; je n'ai jamais volé personne, il ne faut pas commencer par moi. (Il veut mettre le portrait dans sa poche.)

ROSETTE.

Rends-moi ce portrait, mon ami ; le peintre m'a demandé d'y retoucher encore ; c'est l'affaire d'un moment : si tu veux venir avec moi, tu l'emporteras tout de suite.

ARLEQUIN lui rend le portrait.

Non ; il faut que je m'en aille, car mon maître m'attend pour que je lui rende ses clefs. Nous avons eu une querelle ensemble : il m'a refusé la permission de me marier : je lui ai dit qu'il n'avoit qu'à chercher un autre domestique. Il s'est emporté, et m'a mis à la porte sans vouloir me payer mes gages.

ROSETTE.

ROSETTE.

Sois tranquille; je suis riche, et demain ma fortune et ma main seront à toi. Va finir tes affaires, et reviens chercher ce portrait avant la nuit.

ARLEQUIN.

Je n'y manquerai pas. Ce qui me fâche le plus de la colère de mon maître, c'est que je comptois lui donner à ma place mon frère jumeau qui est en Italie. Je lui ai écrit dans cette intention, de venir tout de suite me joindre à Paris. Il arrivera un de ces matins, et je ne saurai comment le placer.

ROSETTE.

Nous aurons soin de lui, ne t'en inquiète pas.

ARLEQUIN.

Oh! je suis bien sûr que mon frère te plaira. Il est charmant, toujours gai, toujours de bonne humeur; et puis nous nous ressemblons si parfaite-

3. I

ment, qu'il est très-difficile de nous
distinguer. Tout bien réfléchi, je suis
bien aise qu'il ne soit pas encore arrivé ; car tu aurois fort bien pu l'épouser
à ma place, sans t'en douter.

ROSETTE.

Non, mon ami : celui qu'on aime
n'a point de jumeau. Mais tu oublies
que ton maître t'attend.

ARLEQUIN.

A propos ; sûrement il m'attend :
il faut que je m'en aille. Adieu, ma
bonne amie. Tâche de faire dépêcher
ce peintre. (Il s'en va.)

ROSETTE.

Oui, oui : adieu.

ARLEQUIN, revient.

Ma bonne amie, n'oubliez pas que
c'est aujourd'hui la veille de demain.

ROSETTE.

Sois tranquille, et va-t-en.

ARLEQUIN.

Oh ! je m'en vais : adieu. (Il revient.)
Ma bonne amie, vous ne savez pas :

j'ai une peur terrible de mourir avant
d'être à demain. Si je mourois, cela
romproit-il notre mariage ?

ROSETTE.

Si cela t'arrive, je te promets de
mourir aussi. Es-tu content ?

ARLEQUIN.

Oh! c'est trop : pourvu que je te voie
me regretter, cela me suffit.

ROSETTE.

Mais veux-tu bien partir ?

ARLEQUIN.

Me voilà parti ; adieu, ma chère Rosette. (Il lui baise la main, et ôte son cha-
peau au portrait, en disant :) Adieu,
monsieur mon ami.

~~~~~~

SCÈNE IV.

ROSETTE, seule.

COMME il m'aime ! comme je suis heureuse ! Alons vite faire, achever ce portrait ; et puisqu'il perd à cause de moi tout ce que lui doit son maître , je mettrai dans la boîte tout l'argent dont je peux disposer. Le plaisir le plus vif de l'amour , c'est de donner à celui qu'on aime. (Rosette sort ; et l'on entend derrière la scène Arlequin cadet chanter: on le voit paroître avec une guitare sur le dos.)

~~~~~~~~

SCÈNE V.

ARLEQUIN CADET, seul.

(Il chante.)

TOUJOURS joyeux, toujours content,
Je sais braver la misère ;
Pour la rendre plus légère
Je la supporte en chantant.
Souvent la vie est importune,
J'ai mon fardeau, chacun le sien :
Ma gaieté, voilà ma fortune ;
Ma liberté, voilà mon bien.

D'un an de peine et de chagrin
Un court plaisir me dédommage ;
Quand je suis au bout du voyage,
Je ne songe plus au chemin.
Du sort je crains peu l'inconstance ;
Tantôt du mal, tantôt du bien ;
Travail, repos, plaisir, souffrance,
Je ne refuse jamais rien.

I 3

J'ai beau chanter, je ne peux pas
oublier que je meurs de faim. Mais il
faut que mon frère soit fou ; il m'écrit
à Bergame de le venir joindre à Paris,
et il oublie de me donner son adresse.
J'ai déjà demandé à plus de cent personnes où demeure monsieur Arlequin,
domestique ; ils me répondent tous par
des éclats de rire. On aime beaucoup
à rire dans ce pays-ci. Oh ! je rirai
aussi, moi ; mais quand j'aurai dîné.
On a beau dire que l'on s'accoutume à
tout ; voilà plus de trois jours que j'ai
faim, et je ne peux pas m'y accoutumer. Allons, du courage ! peut-être
ferai-je fortune ici : je montrerai l'Ita-
lien, je sais jouer de la guitare ; voilà
de quoi se pousser dans le monde.
D'ailleurs, j'ai ouï dire qu'en France,
on préfère toujours quelqu'un de mé-
diocre, quand il est étranger, à un homme de mérite, qui n'est que du pays :
je suis étranger ; je ferai fortune. En

attendant, je voudrois bien trouver mon
frère. Il me vient une idée : je vais
frapper à toutes les portes que je verrai;
je finirai sûrement par trouver mon
frère. Voyons : commençons par celle-
ci. (Il frappe à la porte de Rosette. Rosette vient derrière lui.)

~~~~~~~~~~~~~~~~~~~~~~~~~~~~~~~~

S C È N E V I.

ROSETTE, ARLEQUIN CADET.

R O S E T T E.

Ne frappe pas si fort : tiens, voilà
mon portrait ; il est achevé. (Elle lui
donne la boîte.) Je n'ai pas le temps de
causer avec toi ; la nuit vient, il faut
que je rentre dans ma maison. Je t'at-
tendrai demain à huit heures; notre
mariage sera pour neuf. Adieu, mon
ami : d'ici là, pense toujours à Rosette.

(Elle rentre , et laisse Arlequin cadet stupéfait , avec la boîte à la main.)

~~~~~~~~~~~~~~~~~~~~~~~~~~~~~~~~~~~~~

SCÈNE VII.

ARLEQUIN CADET, seul.

On m'avoit bien dit que les demoiselles de Paris étoient fort prévenantes ; mais, par ma foi, je n'aurois jamais cru que ce fût à ce point-là. (Il regarde le portrait.) Elle est jolie , mademoiselle Rosette. Mais cette boîte me semble bien lourde.... (Il l'ouvre.) Des louis d'or ! Elle est charmante, mademoiselle Rosette ! La fortune ne m'a pas fait attendre long-temps dans ce pays-ci. A peine débarqué , je trouve une jolie fille et de l'argent. (Il compte les louis d'or.) Un , deux, trois, cinq...Plus j'y pense, plus je la trouve aimable ; dix , neuf, sept... Oh ! mon cœur est pour jamais à mademoiselle Rosette. (Ici, Nérine arrive, et vient doucement derrière Arlequin cadet, en l'écoutant parler : celui-ci, après avoir remis l'argent dans la boîte, s'adresse au portrait.)

SCÈNE VIII.

ARLEQUIN CADET, NÉRINE.

ARLEQUIN CADET.

OUI, charmante Rosette, de toute mon ame, je vous épouserai demain ; je vous aimerai, qui plus est : vous avez des manières si séduisantes, que jamais.... (Nérine lui arrache la boîte avec fureur.)

NÉRINE.

Enfin, je te connois, monstre !

ARLEQUIN CADET.

Bon !

NÉRINE.

Je connois ma rivale. C'est donc
Rosette que tu me préfères ? c'est Rosette que tu épouses demain ?

ARLEQUIN CADET, à part.

Tenez ! l'on sait déjà mon mariage.
(haut.) Oui, mademoiselle : est-ce
une raison pour me prendre mon
bien ?

NÉRINE.

Ton bien, ton bien ? scélérat !........
Je ne sais qui me tient que je ne t'arrache les yeux. Perfide ! ton bien étoit
le cœur de Nérine qui t'adoroit, qui
n'aimoit que toi, dont la félicité dépendoit de toi seul : ingrat ! tu le méprises ;
tu comptes pour rien mon amour, mes
larmes, mon désespoir ! Rien ne m'arrête plus ; il est temps de venger mes
injures. (Elle le prend à la gorge ; et le se-
coue rudement.) Il est temps d'étouffer
le sentiment qui m'a retenue jusqu'ici.
Tu te repentiras de m'avoir trahie ; tu gé-

miras de m'avoir perdue ; je veux te
voir à mes genoux me demander pardon , pleurer , mourir de douleur , et
je n'en serai que plus inflexible. (Elle
le jette contre une coulisse, et s'en va.)

SCÈNE IX.

ARLEQUIN CADET, seul.

Eh bien ! elle emporte la boîte..........
Oh! eh ! mademoiselle! oh! eh! rendez
au moins les louis d'or ! Elle ne m'é-
coute pas : courons après , et tâchons de
rattraper mon argent. C'est un singu-
gulier pays que celui-ci ! On vous
donne d'une main, et l'on vous reprend
de l'autre.

(Il sort ; Arlequin arrive du côté opposé.)

―――――――――――――――――――

SCÈNE X.

ARLEQUIN, seul.

GRACES au ciel! me voilà libre, et je n'aurai plus à obéir qu'à ma chère Rosette. Ah! que c'est différent d'avoir un maître ou une maîtresse! Cela ne devroit pas s'appeler de même....Frappons à sa porte.

(Il frappe.)

―――――――――――――――――――

SCÈNE XI.

ARLEQUIN, ROSETTE, à la fenêtre.

―――――――

ROSETTE.

QUI est là?

ARLEQUIN.

C'est moi.

ROSETTE.

ROSETTE.

Que veux-tu?

ARLEQUIN.

Belle demande! le portrait.

ROSETTE.

Quel portrait?

ARLEQUIN.

Comment! quel portrait! Le tien.
Y en a-t-il deux dans le monde?

ROSETTE.

Tu l'as dans ta poche.

ARLEQUIN.

Je l'ai dans ma poche! et qui l'y
auroit mis? (Il se fouille.)

ROSETTE.

C'est toi! je te l'ai donné, il n'y
a pas un quart d'heure.

ARLEQUIN.

Tu me l'as donné?

ROSETTE.

Sans doute.

ARLEQUIN.

A moi?

3.   K

ROSETTE.

A toi-même : l'as-tu déjà oublié ?

ARLEQUIN.

Ecoutez, ma bonne amie ! c'est
sûrement moi qui ai tort ; car il est
impossible que vous n'ayez pas raison :
mais on ne s'entend jamais bien à cinq
ou six toises l'un de l'autre ; faites-
moi le plaisir de descendre, je vous en
prie.

ROSETTE.

Très-volontiers ; ce ne sera pas pour
long-temps, car voilà la nuit.

(Elle descend.)

ARLEQUIN, à part.

Que veut-elle dire ? Je sais fort bien
que je n'ai pas plus de mémoire qu'un
lièvre ; mais je n'oublie jamais ce qu'on
me donne.

ROSETTE.

Eh bien ! me voilà : que veux-tu ?

ARLEQUIN.

Je veux mon portrait : vous me

l'avez promis : il faut tenir sa parole.

ROSETTE.

Mais elle est acquittée ma parole : et tu sais bien....

ARLEQUIN.

Allons, allons, mademoiselle Rosette, finissons cette plaisanterie ; je n'aime point du tout qu'on badine sur ces choses-là. Quand on est amoureux tout de bon, ce n'est pas pour rire, mademoiselle.

ROSETTE.

Quoi ! sérieusement, tu veux me soutenir que je ne t'ai pas donné mon portrait ?

ARLEQUIN.

Non, sans doute, vous ne me l'avez pas donné : vous m'avez dit de le venir reprendre avant la nuit, et je ne vous ai pas revue depuis ce moment.

ROSETTE.

Arlequin !...

K 2

ARLEQUIN.

Après ?

ROSETTE.

Avez-vous envie de me fâcher ?

ARLEQUIN.

Comment pourrois-tu le croire ? Tu sais bien que j'en ai tremblé toute ma vie.

ROSETTE.

Eh bien ! mon ami ! finissons : songe à ce que tu m'as dit si souvent, que jamais il n'y auroit de querelle dans notre ménage ; voudrois-tu manquer à ta promesse dès la veille ? Je ne l'ai pas mérité ; j'ai fait pour toi tout ce que j'ai pu faire : tu désirois mon portrait, je te l'ai donné avec autant de plaisir que tu m'en as marqué en le recevant. Tu l'as, garde-le : n'en parlons plus, et je te souhaite le bon soir.

(Elle veut s'en aller, Arlequin la retient.)

ARLEQUIN.

Ma bonne amie!....

ROSETTE.

Eh bien ?

ARLEQUIN.

Il est possible que l'amour, le bonheur de vous épouser demain, me trou-
blent la cervelle : si cela est, vous devez
avoir pitié du mal que vous m'avez
fait. Redites-moi donc par amitié, par
complaisance , dans quel endroit ,
quand et comment vous avez eu tant
de plaisir à me donner ce portrait.

ROSETTE.

Ici, il n'y a pas un quart d'heure :
je revenois de chez le peintre, je t'ai
trouvé frappant à ma porte ; je t'ai....

ARLEQUIN.

Moi ! je frappois à votre porte ?

ROSETTE.

Sans doute. Je t'ai donné la boîte
où étoit le portrait : et comme tu
m'avois dit que ton maître te refu-

K 3

soit ce qu'il te doit, j'ai mis dans la
boîte le peu d'argent que je possédois.

ARLEQUIN.

Comment! vous avez mis de l'argent
dans la boîte?

ROSETTE.

Oui! mon ami! en serois-tu fâché?

ARLEQUIN.

Ni fâché ni bien aise; cela ne fait
rien à la ressemblance. Ensuite?

ROSETTE.

Ensuite; voilà tout.

ARLEQUIN.

Et tout cela est vrai?

ROSETTE, émue.

Comment! si cela est vrai!

ARLEQUIN.

Et où l'ai-je mise cette boîte?

ROSETTE.

Je l'ai laissée dans vos mains. Auriez-vous le projet de rompre avec

moi, en me niant tout ce que je viens de dire?

ARLEQUIN, cherchant dans sa poche.

Oh! non, ma bonne amie : oh! mon dieu! non. Je t'aime trop pour ne pas te croire plus que je ne me crois moi-même. C'est singulier; voilà tout.

ROSETTE, plus émue.

Quoi! vous ne vous souvenez pas...

ARLEQUIN.

Si fait, si fait, ma bonne amie; je m'en ressouviens à présent, je m'en ressouviens à merveille. Je vous remercie de votre complaisance, et (il soupire) du portrait que vous m'avez donné : je ne le perdrai pas, c'est bien sûr.

ROSETTE.

En vérité, mon ami, je crois que ta tête est un peu troublée : mais cela ne peut me déplaire; et je souhaite de ne te voir jamais plus sage. Adieu, mon ami ! il fait nuit tout-à-fait, je me retire. A demain ; tu ne l'oublieras pas ? j'espère !

ARLEQUIN.

Non, sans doute ; et je vous réponds de ne pas vous faire attendre. (Elle rentre chez elle : il fait nuit tout-à-fait.)

SCÈNE XII.

ARLEQUIN, seul.

IL est clair que le diable se mêle de mes affaires, et que c'est lui qui m'a escamoté mon portrait. Or, comme il pourroit fort bien m'escamoter aussi Rosette, je m'en vais me coucher à sa porte, et attendre le bienheureux jour de demain. Je ne bouge pas d'ici : (Il s'assied à la porte de Rosette.) je ne ferme pas l'œil de toute la nuit : je m'en

vais garder ma maîtresse, comme j'aurois dû garder son portrait ; et nous
verrons qui sera le plus fin du diable
ou de l'amour.

~~~~~~~~~~~~~~~~~~~~~~~~~~~~~~~~~~~~

SCÈNE XIII.

ARLEQUIN, ARLEQUIN CADET.

ARLEQUIN CADET,
se croyant seul.

Je n'ai jamais pu rejoindre cette voleuse : elle ne sait pas sûrement le
cruel embarras où elle me met. Que
deviendrai-je ? Il fait nuit, et je n'ai
pas le sou. Si mademoiselle Rosette
n'a pitié de moi, il faudra coucher
dans la rue.

ARLEQUIN, à part.

J'entends parler de Rosette !

ARLEQUIN CADET.

J'ai envie d'essayer une petite séré-
nade, cela engagera peut-être mademoiselle Rosette à m'ouvrir sa porte.
En conscience, elle peut bien me donner à souper la veille de notre mariage.
Voyons.

(Il prépare sa guitare.)

ARLEQUIN, à part.

Que dit-il donc de mariage?

ARLEQUIN CADET.

Avec tout cela, cette voleuse m'a
paru gentille; sa colère m'auroit gagné
le cœur; si elle ne m'avoit pas pris
mes louis-d'or. Oh! Rosette vaut
mieux; elle donne au lieu de prendre.
Allons, chantons-lui quelque joli couplet : quand on veut plaire et qu'on
n'a pas beaucoup d'amour, il faut
tâcher d'avoir un peu d'esprit.

(Il accorde sa guitare.)

ARLEQUIN aiguise sa batte
sur la terre.

J'accorde aussi ma guitare, moi...

ARLEQUIN CADET chante.

Daigne écouter l'amant fidèle et tendre
Qui vient encor te parler de ses feux;
Lorsqu'il ne peut ni te voir ni t'entendre,
En te chantant il est moins malheureux.

~~~~~~~~~~~~~~~~~~~~~~~~~~~~~~~~~

SCÈNE XIV.

ARLEQUIN, ARLEQUIN CADET, ROSETTE, à la fenêtre.

———

ROSETTE, à voix basse.

EST-CE toi, mon ami?

ARLEQUIN CADET.

Oui, c'est moi.

ARLEQUIN, à part.

Comment! elle lui parle!

ROSETTE.

Je l'écoute avec un plaisir...

ARLEQUIN CADET.

Oh! je ne te rendrai jamais celui que
m'a fait ton portrait.

ARLEQUIN, à part.

Son portrait !

ARLEQUIN CADET chante.

A chaque instant je veux revoir ce gage
Qui me promet d'éternelles amours ;
J'ai beau sentir dans mon cœur ton image,
Mes yeux jaloux la désirent toujours.

ARLEQUIN, à part.

J'ai bien envie de frotter les oreilles
à ce chanteur-là.

ARLEQUIN CADET, à
Rosette.

Que dis-tu ?

ROSETTE.

Je ne dis rien, mon cher ami ;
j'écoute.

ARLEQUIN, à part.

Ah ! la perfide ! J'étoufferai , je
crois , s'il dit encore un couplet.

ARLEQUIN CADET, à
Rosette.

Tu demandes encore un couplet ?
(Il chante.)
Pourquoi

Pourquoi veux-tu que ma bouche répète
Le doux serment dont mon cœur est lié?
Regarde-toi, ma charmante Rosette,
Et tu verras s'il peut-être oublié.

ARLEQUIN, à part.

Ce drôle-là me fera mourir de chagrin; mais je ne mourrai pas sans
m'être vengé. (Il donne des coups de
batte à son frère) Voici ma musique,
à moi.

ROSETTE, à la fenêtre.

O ciel! courons à son secours.

~~~~~~

SCENE XV.

ARLEQUIN, ROSETTE.

ARLEQUIN.

Je voudrois bien savoir comment elle
pourra s'excuser de tout ce que je viens
d'entendre.

3. L

ROSETTE, à tâtons.

Mon cher ami, où es-tu? N'es-tu pas blessé? Parle vîte.

ARLEQUIN.

Oui, oui, je suis blessé, et cruellement blessé. La voilà donc, cette Rosette dont j'étois si sûr! La veille de son mariage, elle trahit son mari.... Allez, je vous connois à présent, et je ne vous aime plus. Oh! je sais bien que j'en mourrai d'avoir prononcé ce mot-là; mais je vous le dirai cent fois pour mourir plus vîte: Je ne vous aime plus, je ne vous aime plus, je ne vous aime plus.

ROSETTE.

Je te supplie de me répondre: que peux-tu donc me reprocher?

ARLEQUIN.

Ah! ce n'est qu'à ceux que l'on estime encore, que l'on fait des reproches; et je n'ai rien à vous reprocher. Adieu. (Il s'éloigne; dans le moment Nérine paroît.)

SCÈNE XVI.
ARLEQUIN, ROSETTE, NÉRINE.

NÉRINE, à part.

J'ENTENDS la voix de mon traître : as-
surons-nous de sa perfidie.

ROSETTE, qui a seule entendu
ces derniers mots.

Mais que parles-tu de perfidie? Arlequin, mon cher Arlequin, écoute-
moi. (Ici, Arlequin cadet, qui s'étoit enfui,
arrive, et entendant les derniers mots de
Rosette, il va du côté de Nérine.)

L 2

~~~~~~

SCÈNE XVII.

ARLEQUIN, ARLEQUIN CADET, NÉRINE, RO- SETTE.

ARLEQUIN CADET, à Nérine,
qu'il prend pour Rosette.

ME voici : puis-je te parler ?

ARLEQUIN, qui prend la voix de son
frère pour celle de Rosette.

Vous parlerez tant qu'il vous plaira,
rien ne peut vous justifier.

ROSETTE.

Je suis au désespoir.

ARLEQUIN CADET, à Nérine,
qu'il trouve toujours près de lui.

Pourquoi cela, ma chère Rosette ?

NÉRINE, à part.

J'ai peine à contenir ma fureur.

ARLEQUIN CADET, à

Nérine.

Tu es trop bonne d'être en colère ; ce qui m'est arrivé n'est rien : ils étoient cinq ou six contre moi ; sans cela, je les aurois frottés d'importance.

ROSETTE, qui l'entend.

Mais, où es-tu donc?

ARLEQUIN CADET.

Je suis ici.

ARLEQUIN, à part.

Qui est-ce donc que j'entends?

ARLEQUIN CADET, à

Rosette.

C'est moi que tu entends.

ROSETTE prend sa main.

Est-ce toi?

ARLEQUIN CADET.

Oui, c'est moi.

NÉRINE le saisit.

Oh ! je te tiens, tu ne m'échap-

peras pas. (Arlequin cadet se trouve entre
Rosette et Nérine.)

ARLEQUIN, s'en allant dans la
maison de Rosette.

Tâchons de nous éclaircir.

~~~~~~~~~~~~~~~~~~~~~~~~~~~~~~~~~~~~~

SCÈNE XVIII.

NÉRINE, ARLEQUIN CADET,
ROSETTE.

ROSETTE.

Eh quoi ! tu me trahissois ?

NÉRINE.

Tu croyois donc me tromper? scélérat !

ARLEQUIN CADET.

Le diable m'emporte, si je sais un
mot de ce que vous me voulez ! Au
nom du ciel, mademoiselle Rosette,
ne vous en allez pas ; et vous, esprit,

diable, lutin invisible, ne me serrez
pas si fort; car j'étrangle.

NÉRINE.

Point de grâce, perfide !

~~~~~~~~~~~~~~~~~~~~~~~~~~~~~~~~~~~~~

SCÈNE XIX.

ARLEQUIN CADET, NÉRINE,
ROSETTE, ARLEQUIN, qui apporte de la lumière.

ARLEQUIN.

Quoi ! c'est mon frère de Bergame ?

NÉRINE.

Comment ! ils sont deux ! Tant
mieux !

ARLEQUIN CADET court
embrasser son frère.

Ah ! mon cher frère, c'est toi !

(Ils s'embrassent.)

ARLEQUIN.

Mon cher ami, je suis fort aise de te revoir, quoique vous ne vous conduisiez pas en trop bon frère.

ROSETTE.

Quelle ressemblance ! Mais mon cœur n'en est pas la dupe.

(Elle prend la main de l'aîné.)

ARLEQUIN.

Il l'a été cependant ; car vous lui avez donné votre portrait.

ARLEQUIN CADET.

Mademoiselle Nérine sait bien ce qu'il est devenu. Ecoutez, mademoiselle, j'ignore si mon frère a des torts avec vous ; mais il est sûr que je ne suis ici que d'aujourd'hui. Comme j'arrivois, mademoiselle Rosette est venue très-poliment me donner son portrait et de l'argent : l'instant d'après, vous êtes venue m'arracher l'un et l'autre, et vous avez disparu comme un éclair, en me reprochant que j'étois insensible à votre amour, tandis que j'aurois donné tous les trésors du monde pour avoir le plaisir de vous voir un moment de plus.

ARLEQUIN.

D'après ce qu'il vous dit, mademoiselle, il me semble que vous pourriez troquer ce portrait-là contre l'original du mien. (Il montre son frère.)

NÉRINE.

Vous m'avez appris qu'il faut se connoître avant de s'aimer.

ARLEQUIN CADET.

Voyez mon étourderie ! avec vous, j'ai commencé par la fin. D'ailleurs, vous connoissez mon frère ; c'est tout comme si vous me connoissiez : vous voyez que je lui ressemble trait pour trait. La seule différence qu'il y ait entre nous deux, c'est que je suis le cadet ; et si vous aviez la bonté de m'aimer, je me croirois l'aîné de ma famille.

ARLEQUIN.

Allons, mademoiselle Nérine, il dépend de vous seule que nous soyons tous les quatre heureux.

ARLEQUIN CADET.

Eh bien ?

NÉRINE.

Eh bien ! je vois qu'il faut toujours lui rendre son portrait, et puis nous verrons s'il faudra vous donner le mien.

ARLEQUIN.

Mes amis, nous voilà tous contens ; aimons-nous bien : mais si vous m'en croyez, n'habitous pas dans la même maison ; il pourroit arriver des méprises de plus grande conséquence que celle d'aujourd'hui.

VAUDEVILLE.

ARLEQUIN CADET, à Nérine.

La foi que vous m'avez promise,
Ne la dois-je qu'à votre erreur !
Trop souvent c'est une méprise,

Lorsque l'on croit être au bonheur.
Dissipez ma frayeur extrême
En me promettant de nouveau
Que vous m'aimerez pour moi-même,
Et non pas comme son jumeau.

NÉRINE.

Eloignez de vaines alarmes,
L'hymen unira nos deux cœurs :
D'un rival vous avez les charmes,
Mais vous n'aurez pas ses rigueurs.
Pour fixer mon ame incertaine,
L'Amour me prête son flambeau ;
A l'aimer je perdis ma peine,
Vous ne serez pas son jumeau.

ARLEQUIN, à Rosette.

Souviens-toi bien de l'imposture
Qui pensa faire mon malheur :
En amour la moindre piqûre
Blesse profondément le cœur.
Si jamais un amant fidelle,
Brûlant d'un feu toujours nouveau,
Te jure une ardeur éternelle,
Prends-y garde, c'est mon jumeau.

ROSETTE, au cadet.

Mon ami, devenez mon frère,
L'amitié vaut bien les amours,

Et si votre sœur vous est chère
Je vous reconnoîtrai toujours.

(à Arlequin.)

Je devois me laisser surprendre ,
L'amour n'a-t-il pas un bandeau !
Si mon cœur a pu se méprendre ,
Ce n'étoit qu'avec ton jumeau.

FIN.

HÉRO

HÉRO ET LÉANDRE,

MONOLOGUE LYRIQUE.

M

HÉRO ET LÉANDRE,

MONOLOGUE LYRIQUE.

Le théâtre représente l'Hellespont et le rivage de Sestos : a droite, l'on voit une tour isolée, sur le haut de laquelle est un fanal allumé ; lés flots baignent le pied de la tour. Il fait nuit, la lune est dans son plein, le profond silence règne sur les flots et sur la rive. Héro sort de la tour.

HÉRO.

ENFIN la nuit étend ses voiles sur toute la nature. Mon cher Léandre, voici l'heure où, n'écoutant que ton amour et ton courage, tu vas t'élancer dans les flots ; et sans autre guide que ce fanal que je viens d'allumer pour toi, tes robustes bras fendront les ondes,

et te porteront dans ceux de ta bien-
aimée.

(*Elle regarde le ciel et la mer, et reste un
moment plongée dans la rêverie.*)

Avec quelle douce volupté je consi-
dère ce calme profond ! comme la mer
est paisible ! comme l'air est pur ! Zé-
phir même n'ose l'agiter : tout se tait,
tout est tranquille. O mon ami, tu ne
dois entendre que la voix plaintive des
alcyons et le murmure des flots qui
cèdent à tes efforts ; la lune bienfaisan-
te te prête toute sa lumière ! l'onde, en
la réfléchissant, semble vouloir la
doubler.... Ah ! toute la nature doit
s'intéresser à l'amant qui expose sa vie
pour voir sa maîtresse.

(*Elle se promène avec l'air agité.*)

Je ne sais quelle terreur secrète se
glisse malgré moi dans mon sein. Cher
Léandre ! ne viens pas aujourd'hui....
Ne viens jamais, si tu risques de

perdre le jour. Cette mer est si fatale !
Hellé, la malheureuse Hellé, trouva la
mort dans ses flots ; le bélier doré put
à peine sauver son frère.... Tu n'as
rien, toi, que mes vœux et ton courage.... S'il arrivoit.,... Mais non, l'A-
mour, tous les dieux doivent veiller
sur toi.

(Elle s'adresse à la lune.)

Belle Phœbé, ne quitte pas les
cieux ; éclaire la route dangereuse que
mou amant doit parcourir ; montre-
lui tous les écueils ; fais-lui voir toujours la terre ; ne souffre pas que le
moindre nuage te dérobe un moment à
ses yeux ; souviens-toi des peines que
te causa l'amour ; et sauve un amant
aussi fidèle, aussi tendre, que l'étoit
Endymion.

(Elle écoute avec attention, et dit, après une
grande pause :)

J'ai cru l'entendre ; et ce n'est

M 3

qu'une vague qui a fait palpiter mon cœur.

(Avec passion.)

O mon ami , redouble tes efforts ; que le feu qui te consume te rende insensible au froid de l'onde. Hâte-toi de sortir de cet élément perfide ; viens rassurer ton épouse éperdue , viens la presser dans tes bras.... Je crois te voir ; oui , je te vois, tu fends les flots avec vîtesse, tu laisses loin derrière toi un long sillon qui bouillonne ; les yeux toujours fixés sur ce fanal , tu reprends des forces à mesure que tu t'en approches : les astres , les étoiles , guides ordinaires du nautonnier , n'existent point pour toi : ton seul astre , c'est ce flambeau ; tu ne vois que lui dans le ciel , tu ne connois que moi sur la terre , et l'univers se réduit pour toi à la seule tour que j'habite.

(Avec inquiétude.)

Mais l'amour égare mes sens. Léandre ne vient point : je n'aperçois rien sur les flots. Peut-être n'est-il pas aussi tard que je l'imagine ; je me suis trompée moi-même ; j'ai cru qu'il arriveroit plus vîte en allumant plutôt le flambeau.

(Elle retourne vers la mer, regarde et écoute attentivement.)

Cependant il me semble qu'il n'a jamais tardé si long-temps. J'ai déjà calculé cent fois l'instant de son départ, la durée de son trajet ; il devroit être ici.... Encore si la mer étoit agitée, je pourrois croire que la frayeur l'a retetenu.... Peut-être n'est-il point parti... Peut-être de nouvelles amours.... Ah ! Léandre, pardonne ; j'ose douter de ton cœur. Ah ! que le moindre vent vienne troubler les eaux, et je n'accuserai plus que Neptune.

(Avec colère.)

Pourquoi faut-il que nous , qui
n'avons qu'une ame , nous ayons deux
patries ? De quoi nous sert d'être si
près l'un de l'autre , si nous sommes
toujours séparés ? Oui, j'aimerois mieux
que l'univers entier fût entre nous deux.

(L'horizon commence à se couvrir de nuages , et la lune s'obscurcit.)

Mais le ciel devient plus sombre , la
lune semble vouloir cacher sa tremblante lumière , mon cœur se serre....
et si la tempête..... Eloignons de
funestes idées.... Je me trompe ,
sans doute ; la frayeur me fait voir
des nuages qui n'existent point : j'ai
si souvent éprouvé que loin de mon
amant le ciel ne m'a jamais paru beau !

(La tempête commence, et va toujours en
augmentant.)

Qu'entends-je ! non , ce n'est point

une illusion ; un bruit sourd semble
sortir de l'abîme , il s'avance avec les
ténèbres , il devient éclatant, la
mer s'agite , les vents commencent
à mugir , ils vont se déchaîner sur les
vagues déjà blanchies...

(Avec l'accent de la douleur et de l'effroi.)

Dieux tout-puissans !... les forces
m'abandonnent ; chaque éclair, chaque
coup de tonnerre porte la mort dans
mon cœur..... Malheureuse !..... il sera
parti.... il sera parti.

(Elle tombe épuisée sur un rocher, et se re-
lève avec impétuosité.)

Cher Léandre ! retourne, il en est
temps encore.... Retourne vers ton
rivage ; ne songe qu'à sauver tes
jours ; je t'irai voir : l'amour me don-
nera des forces ; je suis sûre de faire
le trajet quand je t'aurai pour but de
mon voyage. Je ne suis pas certaine
du retour ; mais je t'aurai vu , je

t'aurai sauvé, et je mourrai satisfaite.

(La tempête est dans sa plus grande force.)

O dieux ! quels éclats ! quelle tempête ! les flots en fureur s'élancent contre les éclairs ; le tonnerre se précipite sur les flots, les vagues et les airs ne sont plus qu'un chaos sillonné de traits de feu. Tous les élémens sont confondus, et mon amant combat peut-être contre toute la nature.

(Elle tombe à genoux, et s'écrie avec transport.)

O Neptune ! ô Borée ! apaisez-vous, épargnez-le ! il ne vous offensa jamais : un jour n'a jamais fini sans qu'il vous ait adressé des vœux. Vous connoissez l'amour ; souvenez-vous de Pillyre, souvenez-vous d'Orythie ; prenez pitié des maux que vous avez soufferts vous-mêmes. Que vous faut-il ? que voulez-vous ? je n'ai point de victime ; mais si le sang est

nécessaire pour vous apaiser, dites
un mot, un seul mot, et ce poignard
va percer mon cœur. Parlez, Léandre
est en danger, Léandre succombe peut-
être : par pitié, hâtez-vous de parler.

(La tempête s'apaise.)

Ils m'ont entendue... Les vents s'a-
paisent, la mer se calme, les flots retom-
bent à leur place, le ciel redevient se-
rein, et je n'entends plus que le murmure des ondes qui gémissent encore
de la fureur des aquilons.

(Avec l'émotion la plus tendre.)

Ah ! Léandre, mon cher Léandre,
as-tu souffert cette tempête ! Les dieux
t'auront protégé ; ils viennent de calmer la mer, c'est la marque sûre de
leur faveur. Léandre, tu vas venir, je
vais te voir : ah ! comme je te presserai
contre mon sein ! combien tes périls
vont ajouter de charmes à notre réu-
nion !

(Avec inquiétude et douleur.)

Mais l'obscurité se dissipe, l'on voit déjà l'Orient se teindre d'une couleur vermeille ; l'amante de Céphale chasse devant elle les ténèbres, et Léandre n'arrive point. Le calme est revenu sur les flots, il ne l'est pas dans mon cœur.

(On voit le lever de l'aurore et la naissance du jour.)

Brillante Aurore, daigne me pardonner, si jamais je ne t'adressai de vœux. Léandre me quittoit toujours à l'instant où tu paroissois ; pouvois-je désirer de te voir ? Deviens aujourd'hui ma bienfaitrice, montre-moi mon mon amant ; et que ce jour, que tu précèdes, soit beau pour moi comme il va l'être pour toute la nature.

(Elle va regarder sur un rocher.)

Oui, je le vois ; c'est lui......
Dieux immortels, que ne vous dois-

je

je pas! Ah! je sens bien que toutes
mes peines n'ont pas assez payé ce doux
moment....

(On voit dans le lointain Léandre qui fait des
efforts pour se soutenir sur les eaux.)

Mais que vois-je! il s'éloigne......
il s'approche.... il semble lutter contre les flots.... Mon sang se glace.....
Je le distingue; ses forces sont épui-
sées, ses bras lassés ne peuvent plus
le soutenir.... Léandre!... Léandre!....
entends ma voix, qu'elle prolonge tes
forces; encore un petit moment de courage, et tu seras dans les bras de ton
épouse. Léandre, tu ne m'entends
pas.... tu ne peux plus résister.... Léandre.... encore un effort. Il semble
me tendre les mains, il semble
implorer mon secours.... Oui, je vais
m'élancer vers toi.... oui.... Je vais
mourir ou te sauver.... Je vais....

3   N

(Léandre s'enfonce dans les flots.)

Ciel ! il a disparu ; mes yeux le cher-
chent en vain... Léandre !.. mon cher
Léandre!.. Il n'est plus , il n'est plus ;
les flots l'ont englouti !

(Elle reste long-temps immobile et reprend
avec lenteur.)

Il n'est plus : je ne le verrai plus ;
je ne le verrai jamais : il est mort pour
moi. C'est moi, c'est moi qui l'assassine!

(Après une grande pause , avec fureur et
désespoir.)

Dieux barbares qui vous jouiez de
mes douleurs , qui sembliez écouter
mes vœux pour rendre plus aigu le
trait dont vous me déchirez , dieux
de sang , dieux de malheur ! puisse
le destin , plus fort que vous , vous
rendre tous les maux que je souffre !
puisse votre immortalité ne servir qu'à
les prolonger ! et toi, mer affreuse,
mer perfide , tu n'as jamais causé
que des maux , tu n'as jamais res-

pecté que le crime : le guerrier farou-
che, l'avide marchand, sont en sûreté
sur tes flots : et tu fais périr l'amant
fidèle qui ne te demandoit que de le porter près de moi, qui t'invoquoit tous
les jours, qui t'appeloit sa bienfaitrice !
va, puisse ta fureur se tourner contre
toi-même ! puisse l'univers se dissou-
dre et retomber dans ton sein ! puisse
la terre combler ton lit, et le chaos te
détruire et te remplacer !

(Elle retourne sur le rocher.)

Je ne le verrai plus ! je ne le verrai
jamais ! Léandre ! mon cher Léandre !
Et as-tu pensé que je pourrois te survivre ? as-tu pensé que je pourrois jamais regarder cette mer odieuse ! Non,
je t'irai chercher jusques dans ses abî-
mes ; j'irai me rejoindre à la plus chère
moitié de moi-même. Qui sait aimer, sait mourir : et cette mort est

N 2

un doux moment, puisqu'elle mo
réunit à Léandre.

(Elle se frappe et se jétte dans la mer.)

FIN.

LE BAISER,

COMÉDIE,

EN UN ACTE, ET EN VERS.

N 3

A VOUS.

J'AI chanté LE BAISER : ce sujet est bien doux !
    Souffrez que je vous le dédie.
Tout ce qu'Alamir dit à sa chère Zélie,
    Je ne l'ai pensé que pour vous :
    Si votre cœur de cet hommage
    Veut me payer par des bienfaits,
    Le titre seul de mon ouvrage
    Vous dira le prix que j'y mets.

PERSONNAGES.

AZURINE, mère d'Alamir.

ALAMIR, amant de Zélie.

ZÉLIE, princesse élevée par Azurine.

BIRÈNE, vieille fée.

PHANOR, magicien.

UN ESCLAVE d'Azurine.

La scène est dans un salon du palais d'Azurine.

LE BAISER,

COMÉDIE.

SCÈNE PREMIÈRE.

ALAMIR, ZÉLIE.

ALAMIR.

POURQUOI me dérober tes larmes ?
Je dois tout partager, jusqu'au moindre soupir :
Ne suis-je plus cet Alamir
A qui tu confiois tes plaisirs, tes alarmes ?
Tu ne m'aimes donc plus ?

ZÉLIE.

Ah ! je n'aime que toi ;
Mais je crains....

ALAMIR.

Que crains-tu ?

ZÉLIE.

Mon ami, laisse-moi.
C'est peut-être en vain que je tremble :
A quoi bon te donner des chagrins superflus ?

ALAMIR.

Et comptez-vous pour rien de s'affliger ensemble ?

ZÉLIE.

Alamir !...

ALAMIR.

Dis-moi tout , ne me résiste plus ;
Quels que soient les chagrins , sois sûre, ma Zélie,
Que l'amour saura les calmer :
Ce sont les peines de la vie
Qui nous font mieux sentir le bonheur de s'aimer.

ZÉLIE.

Oui, mais j'avois promis de garder le silence ;
Cependant je vais t'obéir :
Avec toi l'on ne peut tenir
Que les sermens d'amour et de constance.
Tu sais que depuis notre enfance,
Destinés à nous voir époux ,
Nos premiers sentimens , nos plaisirs les plus doux,
Furent l'amour et l'espérance.

ALAMIR.

Qui pourroit troubler les beaux jours
Que notre heureux sort nous destine ?
Tous deux nous dépendons de ma mère Azurine ;
Elle a vu naître nos amours ,
Elle veut nous unir.

ZÉLIE.

Oui , sa bonté touchante
S'occupe de notre bonheur.
Mais tu connois cet enchanteur
Dont le nom seul inspire l'épouvante.
Phanor....

ALAMIR.

Eh bien ?

ZÉLIE.

Il demande ma main.
Ta mère , de frayeur saisie ,
A voulu lui répondre en vain
Qu'à toi l'amour m'avoit unie :
Hélas ! rien n'a pu le fléchir.
Pour moi seul , a-t-il dit, Zélie est destinée :
Dans deux jours je viendrai finir cet hyménée
Et malheur au rival que j'aurois à punir.
Il est parti.

ALAMIR.

Demain sera donc la journée
Où je n'aurai plus qu'à mourir.

ZÉLIE.

Calme-toi, mon ami ! Azurine est allée
Consulter sur notre destin
Cette vieille et savante fée
Dont l'oracle est toujours certain.

Attendons son retour ; cet oracle infaillible
Rassurera ton ame trop sensible.

ALAMIR.

Va, de toi seule ici dépendra mon bonheur :
Mes plaisirs, mes chagrins viennent tous de Zélie :
Ta tendresse, voilà ma vie ;
Et mon oracle, c'est ton cœur.

ZÉLIE.

Voici ta mère....

SCÈNE II.

ALAMIR, AZURINE, ZÉLIE.

ZÉLIE.

Ah ! nous brûlons d'apprendre
Quel est le sort qui nous attend.

AZURINE.

Je me doutois, ma chère enfant,
Que vous ne seriez pas discrète ;
Mais rassurez-vous cependant,
Votre félicité parfaite

Ne dépend plus que d'un serment
Que vous ferez à votre mère.

ALAMIR.

Un serment ! Quel est-il ?

ZÉLIE.

Hélas ! il me sembloit
Que mon cœur avoit déjà fait
Tous les sermens que l'on peut faire.

AZURINE.

J'ai traversé la paisible forêt
Qu'habite la sage Birène ;
Je m'attendois à voir dans un antre secret
Une effrayante magicienne
Au front pâle et sévère , aux yeux étincelans ,
Et dont le cœur , endurci par le temps ,
Seroit peu touché de ma peine.
Que je connoissois mal celle que je cherchois !
Birène, en me voyant , auprès de moi s'empresse,
Me promet son appui , ses conseils , les bienfaits ,
M'exhorte à soulager la douleur qui me presse.
Je vois bientôt que rien ne doit m'intimider ,
Et que de la triste vieillesse
Birène n'a voulu garder
Que la douceur et la sagesse.

ALAMIR.

Eh bien ?

3   O

AZURINE.

Je lui dis nos malheurs ;
Je lui peins vos amours , mes chagrins , ma tendresse,
Mon seul récit la touche , l'intéresse ;
En m'écoutant , ses yeux se mouillent de ses pleurs.
Tremblez , m'a-t-elle dit ; je connois la puissauce
De ce cruel Phanor qui cause vos douleurs.
L'ingrat tient de moi sa science :
C'est moi qui lui montrai cet art si dangereux
De commander à la nature entière :
Et le cruel emploie au malheur de la terre
L'art que je lui donnai pour faire des heureux !
Cela seul me rendroit sa secrète ennemie.
Dès ce moment je protége Zélie ,
Et je satisferai votre cœur et le mien
En trouvant à-la-fois la douceur infinie
De punir un ingrat et de faire du bien.
Alors tout l'avenir à ses yeux se présente ;
Birène se recueille , et d'une voix tremblante
Elle dit : Ecoutez le destin d'Alamir :
A l'objet qu'il adore hâtez-vous de l'unir ;
Mais le jour de son hyménée ,
Un baiser pris à l'objet de ses feux
Avant la fin de la journée
Feroit le malheur de tous deux.

ALAMIR.

Un seul baiser !

AZURINE.

L'oracle est rigoureux ;
Je sais qu'un jour est une année ,
Quand le soir on doit être heureux.

ZÉLIE.

L'oracle dit aussi , ma mère ,
Qu'avant tout il faut nous unir.

AZURINE.

Oui , votre hymen est nécessaire :
Mais puis-je compter qu'Alamir
Observera la loi sévère
Que le destin....

ALAMIR.

Recevez-en ma foi.

ZÉLIE.

D'ailleurs , maman , comptez sur moi :
Je vous réponds de tout.

ALAMIR.

Rien ne sera pénible,
Puisqu'il s'agit de mériter sa main.
Mais , ma mère , Phanor doit revenir demain :
S'il revenoit ce soir , il seroit impossible
De nous unir.

AZURINE.

Je le voudrois en vain.
Que nous conseilles-tu , Zélie ?

ZÉLIE.

Moi, je m'en fie à vous, vous saurez tout prévoir.
Je crois pourtant que le génie
Pourroit bien arriver ce soir.

AZURINE.

Allons, mes enfans, je suis prête
A conclure un hymen, objet de vos souhaits.
La noce sera sans apprêts,
Sans fête....

ALAMIR.

A-t-on besoin de fête
Quand on est au jour du bonheur ?

AZURINE.

Comme il vous plaît, vous décidez mon cœur ;
A votre volonté la mienne est enchaînée :
Je vais donc vous unir d'un lien éternel.
Nous n'avons ni flambeaux ni temple d'hyménée :
Mais pour tenir la foi que l'amour a donnée,
On n'a pas besoin d'un autel.
(à Alamir:)
Jurez-vous de l'aimer toujours ?
(à Zélie :)
Et vous, d'être toujours fidèle ?

ALAMIR.

Oui, je jure à l'objet de mes tendres amours
De vivre, de mourir pour elle,
Et jusqu'au dernier de mes jours
De l'aimer autant.... qu'elle est belle.

ZÉLIE.

Je jure au dieu puissant dont mon cœur suit les lois
De brûler pour lui seul de l'ardeur la plus pure.
Hélas ! quand je l'ai vu pour la première fois,
   Mon cœur promit tout ce qu'il jure.

AZURINE, joignant leurs mains.

   Je vous unis, soyez heureux ;
  Que la chaîne qui vous engage
   Vous rende encor plus amoureux ;
Un hymen sans amour n'est qu'un triste eslavage ;
  Avec l'amour c'est le bonheur des dieux.

ZÉLIE.

  Ah ! ce bonheur est votre ouvrage,
  Il nous devient plus cher encor.

ALAMIR, à sa mère.

Vous qui me connoissez, jugez de mon transport !
   Heureux par vous, heureux par elle,
   Toujours épris, toujours fidelle,
Vous chérir, l'adorer, et vivre pour vous deux,
   Voilà mon sort, voilà mes vœux.
   A l'amour comme à la tendresse
   Je saurai donner tout mon cœur :
Entre vous deux j'ignorerai sans cesse
   Qui fait le plus pour mon bonheur
   De ma mère ou de ma maîtresse.

SCÈNE III.

AZURINE, ALAMIR, ZÉLIE,
UN ESCLAVE.

L'ESCLAVE.

PHANOR arrive en ce moment.

AZURINE.

Phanor !

L'ESCLAVE.

Il est déjà dans votre appartement.
(L'esclave sort.)

SCÈNE IV.

ALAMIR, AZURINE, ZÉLIE.

ZÉLIE.

O CIEL ! que ferons-nous ? ma mère !

ALAMIR.

Courez le recevoir, laissez-nous dans ces lieux;

Etant seule avec lui, vous le tromperez mieux ;
Et le jour finira, j'espère.

AZURINE.

Mais me promettez-vous, mon fils ?...

ZÉLIE.

Non, non, ma mère, je vous suis,
C'est le plus sûr.

ALAMIR.

Que dites-vous, Zélie ?

ZÉLIE.

Je dis qu'un seul baiser peut nous coûter la vie.

ALAMIR.

Et vous voulez me fuir ! vous voulez que Phanor
De son amour vous entretienne encore,
Et que loin de mes yeux cet odieux génie....
Non, vous êtes à moi, je ne vous quitte pas ;
Je vous suivrai jusqu'au trépas.

(avec dépit.)

Mon cœur n'a pas votre prudence extrême :
Je sais m'exposer sans effroi.

ZÉLIE.

Mais en risquant l'objet qu'on aime,
On expose bien plus que soi.

ALAMIR.

Je ne m'attendois pas à tant de prévoyance ;

Z É L I E.

Et moi, je m'attendois à plus de confiance.

A Z U R I N E.

Ah ! sans cesser de disputer,
Mes chers enfans, tâchez de finir la journée.

Z É L I E.

Oh ! je vous le promets, vous pouvez nous quitter.

A Z U R I N E.

Songez qu'à votre sort tiendra ma destinée ;
Et n'oubliez pas tous les deux
Qu'une mère est toujours la plus infortunée,
Quand ses enfans sont malheureux.

(Elle sort.)

SCÈNE V.

ZÉLIE, ALAMIR.

(Il se fait un moment de silence.)

A L A M I R, d'un ton doux.

Vous êtes en courroux ?

Z É L I E.

Oui.

A L A M I R.

Souffrez, mon amie....

ZÉLIE.

Votre amie ! aujourd'hui , ce nom n'est pas le mien.

ALAMIR.

Ecoutez....

ZÉLIE.

Ne me dites rien :
L'oracle le défend ; et moi, je vous en prie.

ALAMIR.

Hélas ! on ne sait point aimer,
Quand on n'a pas un peu de jalousie.

ZÉLIE.

Qui devient trop jaloux ne sait pas estimer.

ALAMIR.

Comment ?

ZÉLIE.

Je n'ai rien dit.

(Il se fait encore un silence.)

ALAMIR.

A peine l'hyménée
Nous rend époux, que nous voilà brouillés.

ZÉLIE.

Tant mieux ; c'est le moyen de passer la journée
Sans manquer au serment.

ALAMIR.

Puisque vous le voulez ,
Je conviens que j'ai tort ; mais vous seriez cruelle ,
Si vous me refusiez un pardon généreux : .
N'avons-nous pas assez , dans ce jour dangereux ,
De la loi qui nous cause une gêne mortelle ?
Ah ! ce n'est qu'aux époux heureux
Qu'il est permis d'être en querelle.

ZÉLIE.

Mais pourquoi douter de ma foi ?
Votre raison devroit....

ALAMIR.

La raison ! mon amie ,
J'ai du malheur avec toi :
Nous disputons toute la vie ,
Et jamais la raison ne décide pour moi.

ZÉLIE.

Ton air humble et ta modestie
Seront d'inutiles détours.
Crois-moi , restons brouillés.

ALAMIR , voulant baiser sa main.

Le pourrois-tu Zélie ?

ZÉLIE , avec effroi.

Et l'oracle ? Alamir !

ALAMIR , s'éloignant précipitamment.

Oh ! j'y pense toujours.

Et sur-tout à présent que ma mère est sortie,
   Voici l'instant de s'observer.
   C'est sûrement pour m'éprouver
Qu'aujourd'hui tu parois mille fois plus jolie.
Mais je veux oublier que j'ai reçu ta foi;
Je ne veux plus parler, ni m'occuper de toi :
   Tu verras ma sagesse extrême.

ZÉLIE.

   Malgré tes projets, mon ami,
Je crains dans un moment de te revoir le même.
Tiens, va t'asseoir là-bas, je vais m'asseoir ici :
Nous causerons bien mieux.

(Elle place deux fauteuils aux deux extrémités du théâtre.)

ALAMIR, s'asseyant.

   C'est pousser la prudence
Assurément bien loin. Mais n'importe, voyons :
Tu n'as qu'à décider ce dont nous parlerons;
Je veux au même point porter l'obéissance.

ZÉLIE.

Mais nous pouvons parler de ce que tu voudras;
   Pourvu que tu n'approches pas :
   C'est la seule loi que j'impose :
Si tu m'en crois pourtant, avant la fin du jour,
   Nous ne parlerons pas d'amour.

ALAMIR.

Je le veux bien, soit; parlons d'autre chose.

LE BAISER.

(Il se fait un long silence.)

J'écoute, au moins.

ZÉLIE.

Moi, mon ami, j'attends.

ALAMIR.

Mais je ne sais parler que de mes sentimens,
Et tu ne le veux pas.

ZÉLIE.

Je t'arrête bien vîte.
Mon cher ami, laissons-là ce discours,
Il pourroit finir mal ; nous pleurerions ensuite.
Tâchons d'oublier nos amours.
Songe donc au péril....

ALAMIR.

Ecoute, mon amie ;
Je crois que nous avons bien mal interprété
L'oracle que ma mère a tantôt rapporté :
Un seul baiser pris à Zélie
Suffit pour faire leur malheur.
J'explique mieux que toi dans le fond de mon cœur
Cet oracle que je déteste :
Un baiser pris à toi nous seroit bien funeste ;
Mais si tu le donnois, il porteroit bonheur.

(Il s'approche.)

ZÉLIE, s'éloignant.

Non, non, ce n'est pas là ce que nous dit Birène ;
Moi,

Moi, je l'entends tout autrement.

ALAMIR.

Mais je voudrois du moins que cette magicienne,
Nous eût parlé plus clairement.

(Il s'approche.)

ZÉLIE, à part.

Moi, je voudrois voir revenir ma mère.

ALAMIR,   toujours s'approchant.

Que me dis-tu ?

ZÉLIE.

Je dis que tu n'observes guère
Ni mes ordres, ni ton serment.

ALAMIR se recule brusquement.

Qui l'eût pensé, qu'un si doux hyménée
Me causeroit tant de tourment !
Je n'ai jamais trouvé si longue la journée.

(Il se lève.)

ZÉLIE.

Cependant je suis avec toi.

ALAMIR, très-vivement.

Non, ce n'est pas être avec moi.
Vous m'assignez loin de vous une place ;
Vous défendez jusqu'à la fin du jour
Que j'ose vous parler d'amour ;
Eh ! que veux-tu donc que je fasse ?
Cruelle, réponds-moi : l'amour est mon bonheur,

Il est mon bien , il est ma vie ,
Je ne sais rien qu'aimer Zélie ,
Je ne veux rien que posséder son cœur ,
Me livrer tout entier à ma brûlante ivresse ,
Ne respirer qu'amour , ne sentir que ses feux ,
Ne voir que toi , te voir sans cesse ,
Et toujours puiser dans tes yeux
Et mon bonheur et ma tendresse ,
C'est le plus cher, c'est le seul de mes vœux ;
Et tu voudrois me l'interdire....
Donne-moi plutôt le trépas.

(Il se met à ses genoux.)

Z É L I E , émue.

Mon ami , tu vois bien que tu n'es plus là-bas.

A L A M I R.

Laisse-moi t'adorer , partage mon délire.
Eh ! n'ai-je pas reçu ta foi ?
Tu m'appartiens , je suis à toi.
J'ai tant de plaisir à te dire ,
Tu m'appartiens , je suis à toi !
Deux amans , ma chère Zélie ,
Qui ne sauroient rien que cela ,
Auroient assez de ces mots-là
Pour se parler toute la vie.

Z É L I E , troublée.

Alamir....

A L A M I R.

Eh bien ?

ZÉLIE.

Quittons-nous.

ALAMIR.

Quoi ! tu voudrois ôter à mon ame éperdue
Le seul plaisir permis , le bonheur de ta vue !
Eh ! que crains-tu ? je suis tremblant à tes genoux.

ZÉLIE , dans le dernier trouble , se penche sur Alamir
leurs visages sont tout près de se toucher.

Je crains ce langage si doux
Qui se fait toujours trop entendre ;
Ton air soumis, ta voix si tendre,
Tout avec toi m'inspire la frayeur :
Je n'ose respire l'air que ta bouche enflamme ;
Il porteroit jusqu'à mon ame
Tout le feu qui brûle ton cœur.

ALAMIR , transporté.

Ah ! ma Zélie....

(Il l'embrasse , le tonnerre gronde , la nuit couvre le théâtre,
et Phanor paroît.)

SCÈNE VI.

ALAMIR, ZÉLIE, PHANOR , AZURINE.

suite de Phanor.

PHANOR.

Elle n'est plus à toi.

ALAMIR.

Malheureux ! qu'ai-je fait !

P 2

ZÉLIE.

Alamir a ma foi.

PHANOR.

Zélie est pour jamais soumise à ma puissance.
Qu'on l'entraîne.

ALAMIR.

Non, non, je ne la quitte pas ;
Barbare ! rien ne peut l'arracher de mes bras.
Ou mourir, ou l'aimer.

PHANOR.

Redoute ma vengeance.
Tremble que mon courroux....

SCÈNE VII.

ZÉLIE, ALAMIR, PHANOR, AZURINE, BIRÈNE

BIRÈNE.

Ton courroux ne peut rien :
Birène les défend contre ton injustice.

AZURINE.

Je respire.

ZÉLIE.

O bonheur !

PHANOR.

Mais Zélie est mon bien :
Votre oracle l'a dit, il faut qu'il s'accomplisse.

BIRÈNE.

L'oracle a dit qu'avant la fin du jour
  Un seul baiser pris à Zélie
  Pouvoit la perdre sans retour.
J'ai prévu que la loi ne seroit pas suivie ;
Et j'ai vîte accouru près de ces deux amans.
Invisible autour d'eux dans ces tendres momens,
J'ai vu tous leurs efforts pour accomplir l'oracle ,
  J'avois pitié de leurs tourmens.
  Pour les sauver il falloit un miracle ,
  Et je l'ai fait. Quand Alamir ,
  Brûlant d'amour et de désir ,
  Oublioit tout et devenoit parjure ,
  Au même instant j'ai fait finir le jour.
Je pouvois renverser l'ordre de la nature ,
Et je ne pouvois pas mettre un frein à l'amour.
L'oracle est accompli , tu n'as rien à prétendre.

AZURINE.

Souffrez qu'à vos genoux la mère la plus tendre....

PHANOR, à Birène.

Tu me braves , perfide , après m'avoir trahi :
Tu connoîtras bientôt mon pouvoir et ma rage
Quel que soit le bonheur qui t'accompagne ici ,
Tremble , Phanor peut tout pour venger un outrage.

(Il sort.)

BIRÈNE.

  Ne craignez rien de sa fureur ,
  Je saurai la rendre inutile.
Pour éloigner de vous à jamais le malheur
  Je vais enchanter cet asile.

P 3

ZÉLIE.

Ah ! nous vous devons tout.

ALAMIR.

Vous sauvez deux amans,
Leur cœur est votre récompense.

BIRÈNE.

C'est moi qui vous dois , mes enfans !
En couronnant votre constance ,
Je crois retrouver mon printemps :
Faire du bien dans ses vieux ans ,
C'est prolonger son existence.

FIN.

BLANCHE
ET VERMEILLE,

PASTORALE.

EN DEUX ACTES, EN VERS, MÊLÉE DE MUSIQUE;

REPRÉSENTÉE pour la première fois, par les Comédiens Italiens ordinaires du Roi, le lundi 5 Mars 1781.

A MADAME TRIAL.

DAIGNEZ recevoir un hommage
Que je vous dois depuis long-temps :
Vous avez sauvé du naufrage
Le plus aimé de mes enfans.
Hélas ! nos brillans petits-maîtres
Chérissent peu les chalumeaux,
Les bois, les prés, les clairs ruisseaux,
Les amours et les mœurs champêtres.
Ils cherchoient le bruyant plaisir
Qu'il faut à leur ame inquiète :
Et je n'avois qu'une houlette
Et des pipeaux à leur offrir.
Votre voix, si douce et si tendre,
M'a soutenu dans ce danger ;
Celui qui venoit pour juger
Ne vient plus que pour vous entendre.
Si mon ouvrage réussit,
Vous seule en avez le mérite :
C'est TRIAL que l'on applaudit,
Et l'heureuse BLANCHE en profite.

PERSONNAGES.

BLANCHE, bergère.

VERMEILLE, sa sœur.

UNE FÉE.

COLIN, amant de Blanche.

LUBIN, amant de Vermeille.

BERGERS ET BERGÈRES.

La scène est, au premier acte, dans la maison de Blanche ; au second, dans une forêt qui est tout près.

BLANCHE

ET VERMEILLE,

PASTORALE.

Le théâtre représente l'intérieur d'une maison rustique.
Vermeille, assise, file au rouet sur le devant de la scène.

SCÈNE PREMIÈRE.

AIR.

VERMEILLE, seule.

Quel bonheur,
    Pour mon cœur
De toujours aimer,
De toujours charmer
L'objet qui m'engage !

Dans un bon ménage,
De passer mes jours
Avec les amours,
La douce gaîté
Et la liberté !

(Lubin arrive, et écoute Vermeille sans être aperçu d'elle.)

SCÈNE II.

VERMEILLE, LUBIN.

VERMEILLE continue.

Parler sans cesse
De ma tendresse
A l'unique objet de mes vœux,
Lire dans ses yeux
La commune ivresse
Qui nous rend heureux....

(Lubin chante à demi-voix avec Vermeille.)

VERMEILLE ET LUBIN.

Quel bonheur
Pour mon cœur
De toujours aimer,
De toujours charmer
L'objet qui m'engage ;

Dans

Dans un bon ménage,
De passer mes jours
Avec les amours,
La douce gaîté
Et la liberté !

VERMEILLE.

Ah ! te voilà, Lubin ! je pense au mariage
  Qui doit bientôt m'unir à toi.

LUBIN.

Tu dis toujours BIENTÔT, ma Vermeille ; j'enrage;
  Ne m'as-tu pas donné ta foi ?
Orpheline à vingt ans, maîtresse de toi-même,
  Pourquoi ne pas en profiter ?
  Quand une fille a dit, OUI, j'aime,
Un oui de plus ne doit pas lui coûter.

VERMEILLE.

Je suis de ton avis ; mais l'ordre de ma mère
  Nous a prescrit de ne rien faire
Sans consulter la fée ; il faut suivre ses lois.
Tu sais que cette fée, aussi bonne que sage,
  Prit soin de nous dès notre premier âge;
  Elle nous a redit cent fois :
« Mes filles, mon bonheur ne dépend que du vôtre;
» J'accomplirai toujours votre moindre souhait ;
  » Et le prix de chaque bienfait.
» Sera l'engagement d'en recevoir un autre. »

3   Q

LUBIN.

Eh bien, voici l'instant de demander Lubin.

VERMEILLE.

Je compte aussi l'aller trouver demain.

LUBIN.

Pourquoi pas aujourd'hui ? Sais-tu bien, mon amie,
   Que nous perdons à réfléchir
   Au moins les trois quarts de la vie ?
On balance long-temps avant que de choisir :
Souvent on choisit mal ; on se repent : on change ;
   On trouve enfin ce qu'il faut à son cœur ;
On perd encor du temps ; et puis quand on s'arrange,
A peine reste-t-il quelques jours de bonheur.

VERMEILLE.

Je pense comme toi ; mais sans être si vive :
Et je veux, avant tout, en parler à ma sœur.

LUBIN.

   Il faut bien que Blanche nous suive
Pour demander aussi mon bon ami Colin.

VERMEILLE.

   Hélas ! je crains, mon cher Lubin,
   Que Blanche ne soit plus la même.
Depuis huit jours, sur-tout, je la vois en secret,
S'ajuster, se parer avec un soin extrême :
Elle gronde Colin, ne le voit qu'à regret....

De changer auroit-elle envie ?
Non , sans doute , et mon cœur à tort va s'alarmer.
Quand on est une fois convenu de s'aimer,
    C'est un marché fait pour la vie.

LUBIN.

Blanche est un peu coquette ; et ce défaut charmant
    Fait que sans aimer son amant
On le fait enrager : c'est un double avantage.
Je conviens que Colin est un peu soupçonneux ;
Ils auront de la peine à faire bon ménage....
Mais adieu ! la voici ; parle-lui du voyage
    Que nous devons faire tous deux.
Je vais m'y préparer , et je reviens te prendre.

                        Il sort.

SCÈNE III.
BLANCHE, VERMEILLE.

BLANCHE, appelant Lubin.

Lubin ! Lubin !....Il ne veut pas m'entendre ;
Il me boude, je crois.

VERMEILLE.

            Cela se pourroit bien.
Colin est son ami.

                        Q 2

BLANCHE.

Ne vas-tu pas encore
Me parler de Colin, me dire qu'il m'adore ?
Tu ne peux me reprocher rien.
Je n'aurois changé de ma vie,
Si j'avois pu guérir les soupçons de Colin ;
Mais, tu le sais, ma sœur, l'extrême jalousie,
Qui plaît d'abord, nous offense à la fin.

VERMEILLE.

Et tu veux devenir légère
Pour prouver qu'on a tort de soupçonner ta foi ?

BLANCHE.

Eh ! non, ma sœur.

VERMEILLE.

Blanche, sois plus sincère :
Crains-tu de rougir avec moi ?
Je suis ta sœur, et ma tendresse
T'excusera toujours en donnant son avis.
De quoi serviroient les amis,
S'ils ne pardonnoient la foiblesse ?

BLANCHE.

Eh bien ! ma sœur, je vais te raconter
L'évènement heureux dont je t'ai fait mystère ;
Je craignois tes conseils et ton humeur austère :
Pardonne, et daigne m'écouter.

ROMANCE.

L'autre jour , au bord d'un ruisseau ,
Je m'endormis sur l'herbe tendre ;
Mon chien veilloit à mon troupeau ,
Mon chien ne pouvoit me défendre.

Bientôt , aux accents les plus doux ,
Je m'éveille toute surprise ;
Je vois un prince à mes genoux ,
Qui me dit d'une voix soumise :

« Vous qui devez donner des lois
» Dans les palais comme au village ,
» Etes-vous la nymphe des bois ,
» A qui tout chasseur doit hommage?

» Parlez , daignez me rassurer :
» Si vous n'êtes qu'une bergère ,
» Sans cesser de vous adorer ,
» J'oserai prétendre à vous plaire.»

Ma sœur , c'étoit le souverain
Qui règne sur cette contrée.
Juge quel sera mon destin ,
Si de lui je suis adorée.

VERMEILLE.

En vérité, ma sœur, je ne peux rien comprendre
A ce bonheur que tu sembles attendre.

BLANCHE.

Je te l'ai dit ; celui qui me parloit ainsi
    Est le prince qui règne ici.
Songe donc qu'il m'adore, et que je peux prétendre
A partager son trône en acceptant sa main.

VERMEILLE.

Toi, ma sœur ?

BLANCHE.

        Seroit-il le premier souverain
    Epris d'une simple bergère ?
Epouser ce qu'on aime, est-ce un effort si grand ?
        L'amour ne connoît point de rang :
        Le plus beau titre c'est de plaire.

VERMEILLE.

Mais Colin....

BLANCHE.

        Je saurai le combler de bienfaits.
Malgré tous ses défauts, malgré sa jalousie,
Je l'aime et je ferai le bonheur de sa vie
        En le rendant riche à jamais.

VERMEILLE.

Tu t'abuses, ma sœur ; rien ne nous dédommage
De la perte d'un cœur qu'on a cru posséder.

Pardon , si j'ose te gronder ;
Mais tu devrois faire un voyage
Chez cette fée aimable et sage
Qui prit soin de nous élever
Bien mieux qu'il ne convient à de simples bergères.
Tu sais depuis long-temps que nous lui sommes chères ;
Allons la voir.

B L A N C H E.

Crois-tu qu'elle daigne approuver
Que je quitte les champs , pour aller à la ville ?....
Tu ne me réponds pas.... Mais toi-même , à la fin,
Donne-moi ton avis.

V E R M E I L L E.

Il seroit inutile ;
Je pense là-dessus comme feroit Colin.

B L A N C H E.

Le voici : je crains sa colère ;
Laisse-moi l'éviter.

V E R M E I L L E.

Non , ma sœur ; au contraire,
Il faut parler. Je vous laisse tous deux :
Blanche ! quand on devient volage,
Il faut au moins conserver le courage
D'en avertir l'objet que l'on rend malheureux.

SCÈNE IV.

BLANCHE, COLIN.

BLANCHE.

C'EST vous, Colin ! vous venez de bonne heure.

COLIN.

Je serois arrivé déjà depuis long-temps ;
   Si les chemins de ma demeure
N'étoient embarrassés des chevaux et des gens
    Du prince qui vient à la chasse.

BLANCHE, vivement.

Il y revient encore ?

COLIN.

    Il y vient chaque jour,
Chaque forêt pourtant devroit avoir son tour ;
Mais c'est toujours la nôtre. On ne voit plus de place
  Où le gazon puisse fleurir ;
Ils ont tout abîmé : le tumulte effroyable
Et des chiens et des cors qu'on entend retentir,
    Force les troupeaux de s'enfuir ;
    C'est un tapage épouvantable.

En vérité, le prince est fort aimable;
Mais il fait bien du bruit quand il a du plaisir.

BLANCHE.

De quel côté la chasse viendra-t-elle ?

COLIN.

Ne voulez-vous pas y courir ?
Vous n'en manquez pas une ; et vous savez, cruelle,
   Combien vous me faites souffrir :
Vous oubliez....

BLANCHE.

   Vous oubliez vous-même
   Qu'hier encore à mes genoux,
Vous m'avez fait serment de n'être plus jaloux.

COLIN.

Oh ! je ne le suis plus : mais ma prudence extrême
Voudroit que vous fussiez toujours seule avec moi.
   Si l'on vous voit, il faudra qu'on vous aime ;
   Et vous trahirez votre foi ,
J'en suis sûr....

BLANCHE.

   Mais, Colin , vous mêlez un outrage
A des discours qui séduiroient mon cœur.
   Je vous le dis avec douceur :
Cet esprit inquiet, soupçonneux et sauvage
   Ne peut faire que mon malheur ;
Il faut y renoncer.

COLIN.

J'entends trop ce langage.
Tout déplaît dans celui que l'on cesse d'aimer ;
Mes défauts n'étoient rien quand je sus vous charmer ;
Souvenez-vous combien vous .étiez différente ;
Mes plaisirs, mes chagrins, vous vouliez tout savoir :
   J'étois sûr, en allant vous voir,
De trouver près de vous l'amitié consolante.
   Vous aimiez tant à pénétrer
   Dans ma plus secrète pensée !
Et si j'étois jaloux ; loin d'en être blessée,
   Le plaisir de me rassurer
L'emportoit sur la peur de vous voir offensée.
   Mais aujourd'hui vous voulez me trahir :
Vous cherchez un prétexte, et votre ame légère
   Ne veut exciter ma colère
   Que pour avoir le droit de m'en punir.
Epargnez-vous une peine cruelle ;
   Lorsque l'on peut être infidelle,
   On doit le dire sans rougir.

BLANCHE.

Eh bien ! Colin, pourquoi tant de foiblesse ?
Oubliez un objet trop indigne de vous ;
   En me délivrant d'un jaloux,
   En cherchant une autre maîtresse,
Votre sort et le mien n'en seront que plus doux.

COLIN.

Je suivrai vos conseils ; et dès demain peut-être...

BLANCHE.

Dès aujourd'hui, vous en êtes le maître.

DUO.

COLIN.

Adieu, perfide, pour jamais.

BLANCHE.

Adieu, Colin : bon voyage.

COLIN.

Adieu, perfide ; adieu volage :
Oui, je vous quitte sans regrets.

BLANCHE.

Mais partez donc.

COLIN.

Oui, je m'en vais.

BLANCHE.

Mais partez donc.

COLIN.

C'est pour jamais.

(Il s'en va et revient.)

BLANCHE.

Que voulez-vous ?

COLIN.

Ce n'est pas moi
Qui romps une chaîne si belle.

BLANCHE.

Votre jalousie éternelle
Me force de trahir ma foi.

COLIN.

Amour, amour, ce n'est pas moi
Qui romps une chaîne si belle.

BLANCHE.

Mais partez donc.

COLIN.

Oui, je m'en vais.
Adieu, perfide ; adieu volage.

BLANCHE.

Adieu, Colin : bon voyage.

COLIN.

Oui, je vous quitte pour jamais.

(Il sort.)

SCÈNE V.

BLANCHE, seule.

IL va bientôt revenir sur ses pas
Chercher le pardon qu'il mérite:
Il s'éloigne pourtant. S'il ne revenoit pas....
Je saurois l'en punir.... Il s'éloigne plus vîte....
Il suffit. Pour me voir, le prince est dans ces lieux;
Dès aujourd'hui j'écouterai ses vœux.
Tu gémiras, Colin, de m'avoir offensée,
Il pourra m'en coûter ; je sens....

SCÈNE

SCÈNE VI.

BLANCHE, VERMEILLE, LA FÉE;
LUBIN, derrière tout le monde.

VERMEILLE.

Voici la fée :
Sa bonté nous prévient, ma sœur.

LA FÉE.

Oui, mes filles, j'ai su que votre jeune cœur
Auroit à m'avouer quelque tendre foiblesse,
Je me suis mise en route; et, malgré ma vieillesse,
Le désir de vous voir m'a rendu ma vigueur.

VERMEILLE.

Asseyez-vous : voici le fauteuil de ma mère;
Nous croyons la revoir.

LA FÉE.

Elle m'étoit bien chère,
Et je pleure encor son trépas. Elle (s'assied.)
Venez donc m'embrasser. Je vous trouve embellies :
Tant mieux, j'aime à vous voir jolies :
L'amitié fait jouir des biens que l'on n'a pas.
Ne songez qu'à m'aimer; moi, par ma vigilance,
Je saurai du malheur détourner les effets.

3   R

Nous aurons deux emplois : vous , la reconnoissance ;
Et moi ; le doux soin des bienfaits.

A I R.

Le seul plaisir de mon âge ,
C'est de rendre heureux mes enfans ;
Leur bonheur me dédommage
De la perte de mes beaux ans.
Le temps à mon cœur n'ôte rien ,
Je le sens à ma tendresse ;
Je crois retrouver ma jeunesse
Lorsque je peux faire du bien.

VERMEILLE.

Aimez-nous donc beaucoup pour plutôt rajeunir.

LA FÉE.

Ah ! je n'ai pas cessé de vous chérir.
Lorsque j'élevai votre enfance ,
Je vous donnai des vertus , de l'esprit ,
Présent plus cher que l'opulence ,
Mais qui ne suffit pas ; car l'esprit sans prudence ,
Au delà du vrai but trop souvent nous conduit.
Enfin , voici l'instant d'assurer pour la vie
Et l'état et le sort que votre cœur envie ;
Ne m'interrompez point , je vais vous en parler.
Je bavarde un peu trop , je le sens bien moi-même :
Mais je suis vieille et je vous aime ;
Et voilà deux raisons pour beaucoup babiller.

BLANCHE.

Comptez sur le respect....

VERMEILLE.

Comptez sur la tendresse
Qui grave toujours là votre moindre leçon.

LA FÉE.

(Elle voit Lubin.)

Nous sommes en famille.... Eh! quel est ce garçon?
Dis-moi.

VERMEILLE.

Si vous savez tout ce qui m'intéresse,
Vous vous doutez sùrement qu'il sera
Bientôt de la famille.

LUBIN, saluant la fée.

Et qu'il vous aimera,
Si vous le permettez, madame.

LA FÉE.

J'y consens de toute mon ame.
Ecoutez-moi : mon art n'est pas bien grand ;
Tu le vois, ma chère Vermeille,
Mon âge en est un sûr garant :
Car, vous n'en doutez pas, quand une femme est
vieille,

Elle n'a pu faire autrement
J'aurai le pouvoir cependant,
D'accomplir le souhait le plus cher à votre ame.
Voyez quel désir vous enflamme :

R a

Demandez et soyez sûre de l'obtenir.
　　Allons, c'est à vous de choisir ;
　　Votre attente sera remplie :
　　Mais prenez garde à ce souhait ;
　　Les biens ou les maux de la vie
Viennent presque toujours du premier choix qu'on fait.

LUBIN, bas à Vermeille.

Que vas-tu demander ? Mon cœur est dans la peine.

VERMEILLE.

Va, je ne suis pas incertaine

QUATUOR.

VERMEILLE.

Le bonheur que Vermeille envie,
C'est d'être épouse de Lubin,
D'avoir une maison jolie,
Un troupeau, des prés, un jardin.

VERMEILLE ET LUBIN.

Nous y passerons notre vie
A nous aimer, à vous bénir ;
Voilà le bonheur que j'envie,
Voilà notre unique désir.

LA FÉE.

Ma fille, je suis attendrie ;
De bon cœur j'exauce tes vœux :
Dès ce soir vous serez heureux.

VERMEILLE ET LUBIN.

Dès ce soir nous serons heureux,
Et nous le serons pour la vie :
Dès ce soir nous serons heureux.

LA FÉE.

Blanche, c'est à toi de m'instruire
De ce qu'il faut pour ton bonheur.

BLANCHE.

Hélas ! je n'ose pas vous dire
Le désir qu'a formé mon cœur.
Il faut pourtant bien m'en instruire.

BLANCHE.

Vous connoissez le souverain
Qui règne sur cette contrée.

LA FÉE.

Eh bien ?

BLANCHE.

J'en suis adorée ;
Je désire obtenir sa main.

LA FÉE.

Tu veux régner, pauvre insensée !

BLANCHE.

Remplissez le vœu de mon cœur.

LA FÉE.

Je lis trop bien dans ta pensée,
Et j'ai pitié de ton erreur.

R 3

BLANCHE.

Daignez m'accorder mon bonheur,
Si vous lisez dans ma pensée.

LA FÉE.

Prends ce jour pour bien réfléchir
Au vain objet de ton désir.
Si tu veux, ce soir être reine,
Tu verras tes vœux accomplis.

BLANCHE.

Je conçois mon bonheur à peine :
Dès ce soir je serai reine.

LA FÉE.

Si tu veux, tu seras reine.

VERMEILLE ET LUBIN.

Dès ce soir nous serons unis !

LA FÉE,

Dès ce soir vous serez unis.

(Ils s'en vont.)

FIN DU PREMIER ACTE.

ACTE II.

Le théâtre représente une forêt. L'on a entendu pendant l'entr'acte le bruit de la chasse du prince.

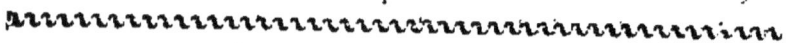

SCÈNE PREMIÈRE.

BLANCHE, seule.

AIR.

ENFIN, je vais donc à la cour.
Des plaisirs la troupe charmante
Doit habiter ce beau séjour :
J'y serai l'objet chaque jour
De la fête la plus brillante.
Je vais régner ; et mon ame contente
N'aura pas besoin de l'amour.

Eh quoi ! j'abandonne l'asile
Où je passai mes premiers ans !
Je vais quitter ce bois tranquille
Où le plus soumis des amans
Grava sur l'écorce fragile
Mon nom et mes premiers sermens !
Hélas !... Mais je vais à la cour.

Des plaisirs la troupe charmante
Doit habiter ce beau séjour:
J'y serai l'objet chaque jour
De la fête la plus brillante.
Je vais régner; et mon ame contente
N'aura pas besoin de l'amour.

Je n'ai point vu le prince ; et la chasse est finie :
Il me cherche sans doute.

~~~~~~

SCÈNE II.

BLANCHE, LA FÉE.

LA FÉE.

Eh bien, ma chère amie,
As-tu fait tes adieux ? Partons-nous pour la cour ?

BLANCHE.

Quand vous voudrez. Mais avant tout , ma mère,
Je crois qu'il seroit nécessaire
De connoître un peu ce séjour.

LA FÉE.

Il est difficile peut-être
De le bien définir ; il change à tout moment.

Presque toujours c'est un pays charmant,
Tout le monde est heureux ou cherche à le paroître;
On se déteste un peu, mais c'est si poliment!
    On s'embrasse sans se connoître,
    On se détruit l'un l'autre doucement :
Parens, belles, amis ; tous n'ont qu'un sentiment,
C'est de se supplanter en secret près du maître.

BLANCHE.

Mais quand le prince enfin m'aura donné sa foi
    Par le plus brillant hyménée,
    Quelle sera ma destinée ?
Vous le savez.

LA FÉE.

Sans doute ; écoute-moi:

AIR.

Une jeune et belle princesse
Ne fait rien qu'avec dignité ;
Le respect l'entoure sans cesse
Pour tenir bien loin la gaîté.
L'étiquette doit la conduire ;
Car, sans elle, point de grandeur :
Si la princesse veut sourire,
Il faut l'avis de la dame d'honneur.

BLANCHE.

Mais cependant....

LA FÉE.

Viens en juger toi-même.
Partons.

BLANCHE.

Quand je serai dans cette gêne extrême,
Si par hasard j'allois me repentir
D'avoir quitté....

LA FÉE.

Qui donc ?

BLANCHE.

Ma sœur et mon village....

LA FÉE.

Eh bien ?

BLANCHE.

Pourrois-je revenir ?

LA FÉE.

Non : la grandeur est un noble esclavage
Dont on ne peut jamais sortir.
Mais partons, il est temps.... Qu'as-tu donc ?

BLANCHE.

Je regrette
Un amant qui vouloit s'attacher à mon sort ;
Mon départ va causer sa mort.

LA FÉE.

Qui ? Colin ?

BLANCHE.

Oui, c'est lui.

LA FÉE.

N'en sois pas inquiète;
Il est tout consolé.

BLANCHE.

Qui vous l'a dit ?

LA FÉE.

Colin.

Quand il a su que ce matin
Tu m'avois demandé de devenir princesse,
Il est venu me supplier soudain
D'éteindre par mon art sa plus vive tendresse.

BLANCHE.

Et vous l'avez....

LA FÉE.

Guéri.

BLANCHE.

Ce n'étoit pas pressé.

LA FÉE.

Cela l'étoit beaucoup; car tu conviens toi-même
Qu'il auroit pu mourir de sa douleur extrême.
Heureusement, le péril est passé :
Il va se marier à la jeune Lucette,
Qui depuis si long-temps a pour lui de l'amour.

BLANCHE.

Il va se marier ?

LA FÉE.

Oui , dans ce même jour.
Sitôt que je t'aurai conduite à cette cour ,
Je reviendrai pour être de la fête.

BLANCHE.

Je ne l'aurois pas cru. Quoi ! dans si peu d'instans
Colin s'est consolé !

LA FÉE.

Pour l'oublier toi-même ,
Il te fallut encore moins de temps.
D'ailleurs , c'est un effort suprême
De mon art qui peut seul détruire tant d'amour :
Sans moi , Colin t'aimoit jusqu'a son dernier jour :
Mais , graces à mes soins , il épouse Lucette.
Te voilà bien tranquille , et sur-tout satisfaite.
Partons , car il est tard.

BLANCHE.

Je ne veux plus partir.
Vous seule avez causé mon infortune affreuse ;
C'est par vos seuls bienfaits que je suis malheureuse :
Laissez-moi , laissez-moi mourir.

LA FÉE.

Je n'ai jamais contrarié personne :
Tu me chasses , je pars ; tu me rappelleras.

Je

Je reviendrai; car je suis bonne :
Avant la fin du jour toi-même en conviendras.

(Elle sort.)

<hr />

SCÈNE III.

BLANCHE, seule.

COLIN ne m'aime plus.... Je sens que je l'adore :
Mon malheur est au comble ; et je l'ai mérité.
Dois-je quitter ces lieux ? dois-je chercher encore
A regagner un cœur tant de fois rejeté ?
Faut-il m'exposer à l'outrage....

(On entend dans le lointain une musique champêtre.)

Mais quels accens.... Je vois venir
La noce de ma sœur avec tout le village ;
Cachons-nous à leurs yeux , j'aurois trop à rougir.

(Elle se cache parmi les arbres.)

SCÈNE IV.

LA FÉE, VERMEILLE, LUBIN, BERGERS ET BERGÈRES.

(Ils entrent en chantant)

LES BERGÈRES.

CÉLÉBRONS le doux mariage
Qui va rendre heureux leur destin.
   Vermeille épouse Lubin ;
Ah ! qu'ils vont faire bon ménage !
   Vermeille épouse Lubin :
L'amour leur promet un bonheur sans fin.

LA FÉE.

Mes enfans, j'ai rempli vos vœux ;
De l'hymen la chaîne vous lie :
Aimez-vous, aimez votre amie,
Nous serons tous les trois heureux.

LES BERGERS ET LES BERGÈRES.

Célébrons le doux mariage
Qui va rendre heureux leur destin.
   Vermeille épouse Lubin ;
Ah ! qu'ils vont faire bon ménage !

VERMEILLE ET LUBIN, à la Fée.

Nous pensions dans un si beau jour,
Qu'amour seul se feroit entendre ;

Mais votre amitié vive et tendre
Parle à notre cœur autant que l'amour.

LES BERGERS ET LES BERGÈRES.

Célébrons le doux mariage
Qui va rendre heureux leur destin,
Vermeille épouse Lubin ;
Ah ! qu'ils vont faire bon ménage ?
L'amour leur promet un bonheur sans fin.

LA FÉE.

Ma promesse n'est pas remplie ,
Mes chers enfans : je viens de vous unir ,
Mais je vous dois encore une ferme jolie ,
Et la voici.

(Elle frappe de sa baguette , et l'on voit paroitre une
colline sur laquelle est une ferme de l'aspect le plus
riant.)

Vous pouvez en jouir,
Tout ce qu'il faut au besoin de la vie
S'y trouve rassemblé. Le jardin est ici.
Voyez plus loin dans la prairie
Ce troupeau de moutons ; il est à vous aussi :
Voilà des champs semés près de votre retraite.
Votre félicité commence dès ce jour :
Ce n'est pas moi qui dois l'achever, c'est l'amour ;
Et je n'en suis pas inquiète.

(Elle veut s'en aller.)

S 2

VERMEILLE.

Vous nous quittez ?

LA FÉE, à voix basse.

Je vais chercher Colin.
Colin pleure toujours sa volage maîtresse ;
Vous prendrez soin de son destin ,
N'est-il pas vrai ? Son sort vous intéresse :
Il restera chez vous , vous serez son appui;
Et vous aurez soin devant lui
De ne pas parler de tendresse.

(Elle sort.)

SCÈNE V.

LUBIN, VERMEILLE, LES BERGERS.

LUBIN.

MAIS comment faire ? il nous verra.

VERMEILLE.

Ah ! nous ferons tout ce qu'elle voudra.
Mais , mon ami , quelle richesse extrême !
Regarde : des brebis , une ferme , des champs !
Et tout le village nous aime !

LUBIN.

Tout cela c'est ta dot.

VERMEILLE.

Ecoutez, mes enfans :
La bonne Fée a dit que la ferme est garnie
De tout ce qu'il nous faut pour bien passer la vie :
　　Pour que tous nos vœux soient remplis,
　　Venez jouir de ses largesses :
　　On ne peut aimer les richesses
Que pour les partager avec ses bons amis.

LUBIN.

Elle a toujours raison, suivons tous son avis.
　　　(Ils montent tous la colline en chantant)

CHŒUR.

VERMEILLE ET LUBIN.

Venez, venez avec nous,
　　L'amitié vous appelle.

LES BERGERS.

Suivons, suivons deux époux
Qui seront notre modèle.

VERMEILLE ET LUBIN.

　　L'amitié vous appelle,
Venez, venez avec nous.

LES BERGERS.

　　Le plaisir nous appelle,
　　Suivons un guide si doux.

VERMEILLE ET LUBIN.

Souvenez-vous que chaque année
Ce même jour nous verra réunis.

　　　　　　　　S 3.

LES BERGERS.

Oui , Vermeille , et cette journée
Sera la fête du pays.

VERMEILLE ET LUBIN.

Venez , venez avec nous ,
L'amitié vous appelle.

LES BERGERS.

Suivons , suivons deux époux
Qui seront notre modèle.

(Ils entrent dans la ferme. Blanche , cachée dans le bos-
quet , a vu monter la montagne à toute la noce de sa
sœur. Elle revient sur le théâtre , la fée paroît dans le
fond , tenant Colin par la main : ils examinent et écou-
tent Blanche sans être aperçus d'elle.)

~~~~~~

SCÈNE VI.

BLANCHE, LA FÉE, COLIN.

BLANCHE, qui se croit seule.

JE ne peux habiter plus long-temps cet asile :
Tout y semble aigrir ma douleur :
Leurs plaisirs vrais et leur bonheur tranquille
Sont un reproche pour mon cœur.

Fuyons.....Eh quoi ! l'heureux sort de ma sœur
 Rend-il ma peine plus affreuse ?
  Hélas ! quand on est malheureuse,
 Tout parle de notre malheur.
Que devenir ? quel chemin dois-je suivre ?
Ah ! si la Fée....

  L A F É E, se montrant, Colin reste derrière.

    Eh bien ! me voilà ; que veux-tu ?

   B L A N C H E.

 Secourez-moi ; j'ai tout perdu :
Colin ne m'aime plus, je n'y pourrai survivre.

   L A F É E.

C'est toi qui l'as quitté.

   B L A N C H E.

    Je le sais trop, hélas !
Et je l'aimois pourtant plus que ma vie.
Prenez pitié de Blanche, elle est assez punie :
Et souffrez que du moins je m'attache à vos pas ;
  J'aurai soin de votre vieillesse,
Je n'aimerai que vous ; mon respect, ma tendresse
Seront mes seuls plaisirs jusques à mon trépas.

   L A F É E.

Quand on a du chagrin, comme on a le cœur tendre !
 Allons, viens, donne-moi le bras.

     (Elles se mettent en marche.)

COLIN.

Arrêtez , arrêtez.

BLANCHE.

Ciel ! que viens-je d'entendre ?

(Elle se jette dans les bras de la Fée)

LA FÉE.

Eh bien ! Blanche , qui te re' ent ?
C'est ici le chemin qui mène à ma de' .eure....
Quoi ! tu m'aidois à marcher tout à l'heure ;
Et c'est mon bras qui te soutient ?

COLIN.

Vous qui méprisâtes mes larmes ,
Et vos sermens, et mon amour ;
Est-il bien vrai que dans ce jour
Vous vouliez finir mes alarmes ?
Un mot , un seul mot me suffit ;
J'oublierai tout , tout, excepté vos charmes :
Ce mot , vous l'avez déjà dit ,
Répétez-le du moins.

BLANCHE.

Le malheur qui m'accable
Fut mérité par moi , je saurai le souffrir.
Laissez-moi , laissez-moi vous fuir.

COLIN.

Si c'est vous qui fûtes coupable ,
Pourquoi voulez-vous me punir ?

LA FÉE.

Ecoute-moi, ma chère amie ;
Tu n'as point fait ce vœu que je dois accomplir :
Demande ce qui peut rendre heureuse ta vie :
Je te donne encore à choisir.

BLANCHE.

Je m'en garderai bien : j'aime mieux ma souffrance
Que de voir Colin me chérir
Par l'effet de votre puissance.

COLIN, à genoux.

Colin n'aima jamais que toi,
Même pendant le temps où mon ame inquiète......

BLANCHE.

Vous n'épousez donc pas Lucette ?

COLIN, surpris.

Lucette, ô ciel !

LA FÉE.

Colin, pardonne-moi :
J'imaginai cette imposture
Pour la punir de son manque de foi.

BLANCHE, à Colin.

Mon cœur m'en punissoit.

LA FÉE.

Te voilà donc bien sûre
Que l'on fait toujours son malheur
En se laissant guider par la coquetterie.

Toi, tu vois qu'en amour l'extrême jalousie,
Même lorsque l'on plaît, peut éloigner un cœur.

FINALE.

LA FÉE.

Mes chers enfans, je vais combler vos vœux ;
Je vais finir toutes vos peines ;
Je vous unis, soyez heureux.

BLANCHE ET COLIN.

Pour jamais nous sommes heureux.

TOUS TROIS.

De l'hymen les douces chaînes
Feront le bonheur de tous deux.

BLANCHE.

Suis-je toujours, comme autrefois
De ton cœur la seule maîtresse ?

COLIN.

Colin t'a gardé sa tendresse ;
Il ne la donne pas deux fois.

BLANCHE ET COLIN.

Soyons époux, soyons heureux,
Ce jour va finir nos peines ;
De l'hymen les douces chaînes
Rendent le bonheur à tous deux.

(Pendant ce temps la Fée monte à la ferme ; elle frappe à la
porte et appelle tout le monde.)

SCÈNE VII.

BLANCHE, COLIN, VERMEILLE, LUBIN,
LA FÉE, TOUS LES BERGERS.

LA FÉE.

Venez, venez recevoir votre sœur.

VERMEILLE.

Oui ; c'est ma sœur,
Ah ! quel bonheur !

TOUS.

Courons, courons recevoir votre sœur.
(Ils descendent en courant la colline.)

VERMEILLE.

Embrasse-moi, ma bonne amie.

BLANCHE.

Suis-je de vous toujours chérie ?

VERMEILLE ET LUBIN.

Nous t'aimerons toute la vie.
Chantez, chantez le retour de ma sœur.

TOUS.

Chantons, chantons le retour de sa sœur.

LA FÉE, à Blanche.

Que ton cœur jamais n'oublie
Que ce n'est pas la grandeur
Qui rend heureuse la vie.

BLANCHE.

Non, non : j'abjure mon erreur.

TOUS.

Non, non, ce n'est pas la grandeur
Qui rend heureuse la vie ;
C'est l'amour qui fait le bonheur.

(On danse.)

FIN.

Des murs de Romulus la liberté bannie,
Loin du Tibre avili fuyant la tyrannie,
    S'élance à notre voix,
Et sur les bords heureux de la Seine féconde
Elle vient rétablir, pour le bonheur du monde,
    Ses autels et ses lois.

En vain mille ennemis de sa grandeur naissante
Liguent pour l'étouffer leur fureur impuissante
    Et leurs projets rivaux;
A ses pas glorieux la Victoire fidèle,
Le front ceint de lauriers, vient s'asseoir avec elle
    Sur leurs sanglans drapeaux.

L'Eridan consterné, le Danube et le Tibre,
Dont les fiers défenseurs bravaient un peuple libre,
    Les ont vus terrassés,
Et l'avare Albion, qui rêvait des conquêtes,
Dut souvent implorer la fureur des tempêtes
    Pour ses bords menacés.

Jusqu'aux sources du Nil, où, d'une main propice,
Nous ramenions les arts, les lois et la justice,
    Elle a porté le deuil;
Sa haine a soulevé l'Afrique et l'Arabie,
Et le sang qui rougit les sables de Libye
    Accuse son orgueil.

www.ingramcontent.com/pod-product-compliance
Lightning Source LLC
Chambersburg PA
CBHW071939090426
42740CB00011B/1749